www.ingramcontent.com/pod-product-compliance
Lightning Source LLC
LaVergne TN
LVHW050947051026
849532LV00005B/1735
* 9 7 8 9 3 5 8 7 2 0 6 5 5 *

ادب پارے

(ادبی مضامین)

(قومی کونسل برائے فروغ اردو زبان کے رسائل سے منتخب شدہ مضامین)

مرتب:

سید حیدر آبادی

Adab Paarey (Essays)

Edited by: Syed Hyderabadi

Edition: January '2024

Publisher :

Taemeer Publications LLC (Michigan, USA / Hyderabad, India)

ISBN 978-93-5872-065-5

9 789358 720655

کتاب	:	**ادب پارے** (ادبی مضامین)
مرتبہ	:	**سید حیدرآبادی**
صنف	:	نثری مضامین
ناشر	:	تعمیر پبلی کیشنز (حیدرآباد، انڈیا)
سالِ اشاعت	:	۲۰۲۴ء
صفحات	:	۸۰
سرورق ڈیزائن	:	تعمیر ویب ڈیزائن

فہرست

(ا) راجندر سنگھ بیدی: زندگی اور شخصیت

قومی اردو کونسل

راجندر سنگھ بیدی، جیسا کہ انھوں نے خود اپنی پیدائش کے متعلق کہا ہے، یکم ستمبر ۱۹۱۵ کی سویر کو لاہور میں ۳ بج کر ۴۷ منٹ پر پیدا ہوئے۔ بیدی کی ماں سیوا دیوی ہندو برہمن خاندان سے تھیں، اور باپ بابا ہیرا سنگھ کھتری سِکھ تھے۔ بیدی یا ویدی وید سے نکلا ہوا لفظ ہے۔ وہ کھتری جو وید کو اپنا گرنتھ مانتے ہیں، بیدی کہلاتے ہیں۔ جیسا کہ خود بیدی نے بتایا ہے، ان کی ماتا جی ان کے پتا جی کے ساتھ اپنے گھر سے فرار ہو کر آئی تھیں اور دونوں نے لاہور کے ایک آریہ سماج مندر میں شادی کی تھی۔ باپ پوسٹ آفس میں نوکر تھے۔ گھر کا رہن سہن ہندوانہ بھی تھا اور سِکھی بھی۔ گیتا اور جپ جی صاحب، دونوں کا پاٹھ ہوتا تھا۔ بیدی کے بھائی ہربنس سنگھ کا کہنا ہے کہ اسلامی کلچر سے بھی دلچسپی تھی۔ والد صاحب صوفیانہ کلام کے دلدادہ تھے اور گورپرب اور اسٹمی کے تہوار منائے جاتے تو والد صاحب عید کے میلوں میں بھی بچوں کو لے جاتے۔ کسی مذہب یا عقیدے سے عناد نہیں تھا۔ بیدی کی ماں اردو، ہندی اور تھوڑا بہت انگریزی جانتی تھیں۔ بیدی کے کہنے کے مطابق پہلی کہانیاں جو انھوں نے سنیں تھیں، جن اور پری کی داستانیں نہیں تھیں بلکہ مہاتم تھے جو گیتا کے ہر ادھیائے کے بعد ہوتے ہیں اور جنھیں وہ دوسرے بچوں کے ساتھ بیٹھ کر ماں سے سنا کرتے تھے۔ پانچ برس کی عمر میں رامائن اور مہابھارت کی کہانیوں سے واقف ہو چکے تھے۔ ماں کی بیماری کی وجہ سے بیدی کے پتا جی ایک پیسے روز کرائے پر کوئی

نہ کوئی کتاب بازار سے لے آتے تھے اور پڑھ کر ماں کو سنایا کرتے۔ اسی طرح اسکول کی عمر کے ساتھ ٹاڈ کے راجستھان اور شرلاک ہومز کے کارناموں سے واقف ہو چکے تھے۔ گھر میں کتابیں اور رسالے اکثر آتے تھے۔ چچا سمپورن سنگھ لاہور میں ایک پریس کے منیجر تھے جس میں ہر قسم کے ناول اور قصے چھپتے تھے۔ گھر میں کتابوں کا انبار لگا رہتا۔ یا تو مشہور انگریزی ناولوں کے ترجموں کی ورق گردانی ہوتی یا پھر "خونی خواب"، "ایک رات میں بیس خون" یا پھر چندر کانتا کا پاٹھ ہوتا۔

بیدی کے چچا نے جب اسٹیم پریس خرید لیا تو اس کے ساتھ پانچ چھ ہزار کتابیں بھی آئی تھیں۔ کتاب کے کیڑوں کی طرح بیدی ان کتابوں کو چاٹتے رہتے۔ سردیوں میں رات گئے چولھے کے اِرد گرد بیٹھے والد صاحب کسی نہ کسی کتاب یا رسالے سے کچھ نہ کچھ پڑھ کر سناتے اور سب گھٹنوں میں سر دیے سنتے رہتے۔ بیدی کالج میں انٹر میڈیٹ تک ہی پہنچے تھے کہ والدہ کا تپ دق کی بیماری میں انتقال ہو گیا۔ بیماری کے دوران انھوں نے ماں کی بہت سیوا کی۔ ان کی ٹٹی پیشاب تک صاف کرتے۔ انٹر میڈیٹ کا امتحان بیدی نے غالباً ۱۹۳۳-۳۵ میں پاس کیا۔ ان دنوں بیکاری بہت عام تھی۔ آئے دن گریجویٹوں کے ریل گاڑی کے سامنے کود کر خودکشی کی وارداتیں ہوتیں۔

بیدی نے والد کے کہنے پر پوسٹ آفس میں نوکری کر لی۔ بیدی کی ادبی زندگی کا آغاز بھی کالج کی زندگی یعنی ۱۹۳۱ کے لگ بھگ سترہ اٹھارہ سال کی عمر سے ہوتا ہے۔ اس زمانے میں انھوں نے انگریزی میں نظمیں لکھیں۔ اردو اور پنجابی میں افسانے اور مضامین لکھے۔ طالب علمی کے زمانے میں محسن لاہوری کے نام سے لکھا کرتے تھے۔ کلرکی کے زمانے میں دیر گئے رات تک پڑھنے اور لکھنے کی عادت تھی۔ ڈاک خانہ میں بیدی کو بہت کام کرنا پڑتا۔ کئی بار سترہ اٹھارہ گھنٹے ڈیوٹی دینا پڑتی۔ یہی زمانہ بیدی کی سنجیدہ افسانہ نگاری

کا بھی ہے۔ وہ رومانی کہانیوں اور الّم غلّم مضامین اور تراجم اور نہایت مفرس اردو کے دور سے نکل آئے اور زندگی کے اہم تجربات کو اپنی کہانیوں کا موضوع بنایا۔ یہی وہ کہانیاں ہیں جو ۱۹۳۷ میں ان کے پہلے مجموعہ "دانہ و دام" کی زینت بنیں اور جب دوسرا مجموعہ "گرہن" ۱۹۴۱ میں شائع ہوا تو وہ اردو کے مستند افسانہ نگار تسلیم کیے جا چکے تھے۔

پروفیسر مجیب صاحب، جو روسی ادب کے بہت اچھے طالب علم تھے، "دانہ و دام" کو بغل میں دبائے پھرتے تھے، اور کہتے تھے "میں نے آج تک اردو میں اتنا اچھا مجموعہ نہیں دیکھا۔" بیدی کی شادی ۱۹۳۴ میں، جب کہ ان کی عمر ۱۹ سال کی تھی، ایک قبول صورت لڑکی ستونت کور سے ہوئی۔ جس سے انھیں دو لڑکے اور دو لڑکیاں پیدا ہوئیں۔ ستونت کور ایک سلیقہ مند اور ایثار نفس بیوی ثابت ہوئیں۔ بیدی کے افسانے "گرم کوٹ" میں حسن اور رومانیت کی جھلکیاں اور "اپنے دکھ مجھے دے دو" کی اِندو میں ایثار نفسی اور ماورائیت کی خصوصیات ستونت کور ہی کا عطیہ ہیں۔ ایک دن تنگ آکر پوسٹ آفس کی نوکری سے استعفا دے دیا۔ بڑی تنگ دستی میں جینے لگے۔ ریڈیو آرٹسٹ کی آسامی کے لیے درخواست دے رکھی تھی۔ احمد شاہ بخاری پطرس آل انڈیا ریڈیو کے ڈائرکٹر جنرل تھے۔ آسامی کے لیے کم از کم گریجویٹ ہونا ضروری تھا۔ بیدی صرف انٹرمیڈیٹ ہی تھے۔ دہلی سے واپسی پر بتایا کہ انٹرویو کے وقت پطرس صاحب اٹھ کر ان سے گلے ملے۔ یہ واقعہ سنایا اور بیدی کی آنکھوں میں آنسو امڈ پڑے۔ اس سے اندازہ لگایا جاسکتا ہے کہ بطور افسانہ نگار کے بیدی کی مقبولیت کا کیا عالم تھا۔

۱۹۴۳ میں بیدی کا تقرر لاہور ریڈیو اسٹیشن پر بہ حیثیت اسکرپٹ رائٹر کے ہو گیا۔ اس ملازمت کے دوران انھوں نے ریڈیو کے لیے کئی ڈرامے لکھے۔ دوسری جنگ عظیم کے دوران ان کا تبادلہ سرحد کے ریڈیو اسٹیشن پر ہو گیا۔ تنخواہ پانچ سو روپے ماہانہ

ہوئی۔ ایک برس کام کرنے کے بعد مستعفی ہو کر لاہور چلے آئے اور مہیشوری فلم کمپنی میں چھ سو روپئے ماہانہ پر ملازمت کرلی۔ اس کمپنی کے لیے انھوں نے پہلی اور آخر فلم لکھی "کہاں گئے۔" فلم کہاں گئی اس کا آج تک کسی کو پتہ نہیں چلا۔ پھر انھوں نے سنگم پبلشرز لمیٹڈ کے نام سے ایک مطبع قائم کیا۔ منجملہ اور کتابوں کے اپنے ریڈیائی ڈراموں کا مجموعہ "سات کھیل" اس مطبع سے شائع کیا۔ کتابوں کا کافی ذخیرہ مطبع کے پاس تھا اور اچھی آمدنی کا امکان تھا کہ ملک تقسیم ہو گیا۔ فسادات نے پورے پنجاب کو اپنی گرفت میں لے لیا۔ سب کچھ چھوڑ چھاڑ کر شملہ چلے گئے اور اپنے ایک مصور دوست ایشور سنگھ کے پڑوس میں مکان لے لیا۔ اس مکان کی نچلی منزل میں ایک مسلمان کنبہ رہتا تھا۔ فسادیوں نے اسے گھیر لیا۔ بیدی اپنے دوست ایشور سنگھ کے ساتھ ایک نقلی فوجی پرمٹ لیے فسادیوں کی بھیڑ میں گھس گئے۔ دکھاوا ایسا کیا کہ وہ دونوں گویا فوج کے آدمی ہوں۔ مسلمان کنبہ کو، جس میں عورتیں زیادہ تھیں، صحیح سلامت بچا لائے۔ اردو کے مشہور شاعر حفیظ جالندھری بھی ان دنوں شملہ میں تھے۔ انھیں بچانا بھی ضروری تھا۔ کسی نہ کسی طرح انھیں بھی ڈھونڈھ نکالا۔ دم رخصت حفیظؔ نے نہایت رقت آمیز لہجہ میں یہ شعر پڑھا۔

ہم ہی میں تھی کوئی بات، یاد تم نہ آسکے
ہم نے تمھیں بھلا دیا، تم نہ ہمیں بھلا سکے

بعد میں حفیظؔ نے ان واقعات کا ذکر ریڈیو لاہور سے بھی کیا۔ اس درمیان بیدی کے بیوی بچے شملہ آچکے تھے۔ بیدی انھیں لے کر پھر دہلی کی طرف روانہ ہوئے۔ لاہور میں ماڈل ٹاؤن میں ان کا مکان لٹ چکا تھا اور اب لاہور جانے کا کوئی مطلب بھی نہیں تھا۔ ہندستان میں سوائے آسمان کے سر پر کوئی چھت نہ تھی۔ کالکا سے ریل گاڑی لی۔ اندر

جانے کو کوئی جگہ نہ تھی۔ کسی طرح بیوی بچوں کو اندر داخل کیا اور خود چھت پر جا بیٹھے۔ ریل ایک ٹنل سے گزری تو پگڑی اُڑ گئی مگر سر بچ گیا۔ ہربنس سنگھ (بیدی کے بھائی) لکھتے ہیں "ادھر کچھ لوگوں نے، جن میں ایک پولس انسپکٹر بھی تھا، بھاوج صاحبہ سے جو خوبرو تھیں، مذاق شروع کر دیا۔ جب گاڑی انبالہ پہنچی تو بچوں نے چیخ پکار کر کے بیدی کو نیچے بلا لیا۔ جب انھوں نے شرارتی آدمیوں سے باز پرس کی تو وہ پوچھنے لگے۔ "آپ کرتے کیا ہیں سردار صاحب"؟ تو بیدی نے کہا کہ میں اردو میں کہانیاں لکھتا ہوں۔ اس پر بہت قہقہے بلند ہوئے۔"

دہلی میں رسالہ "آجکل" کی ادارت کے لیے کوشش کی لیکن اس درمیان اردو مصنفین کا ایک وفد کشمیر گیا۔ جب واپس آنے لگے تو شیخ عبد اللہ، جو ان دنوں چیف منسٹر تھے، کہنے لگے کہ باقی سب لوگ جاسکتے ہیں مگر ایک شخص کو میں نے حراست میں لے لیا ہے۔ اشارہ بیدی کی طرف تھا جنھیں انھوں نے ڈائرکٹر جموں ریڈیو کے عہدے پر متعین کر دیا۔

لیکن اب بیدی کا رخ بمبئی کی طرف تھا جہاں وہ تادم آخر سکونت پذیر رہے۔ خوب کہانیاں لکھیں اور خوب فلمیں بنائیں۔ فلمی دنیا میں بیدی عزت کی نظر سے دیکھے جاتے تھے کیونکہ انھوں نے فلمی دنیا میں آرٹ کی پاکیزگی کو کمرشیل دست برد سے محفوظ رکھا۔ "دستک" جو ان کے ایک ڈرامے "نقل مکانی" پر مبنی تھی، آف بیٹ فلم تھی اور اس نے آرٹ فلم کے میلان کو تقویت دی۔ ان کی پہلی فلم "بڑی بہن" تھی جس میں دلیپ کمار نے ہیرو کا پارٹ ادا کیا تھا۔ "داغ" کا ہیرو بھی دلیپ کمار تھا اور یہ فلم باکس آفس پر بھی ہٹ ہوئی تھی۔

بیدی بہت ہی ذہین اور چابک دست مکالمہ نگار تھے۔ "داغ" کے مکالمے اس قدر

برجستہ، طرار اور شوخ تھے کہ فلم انڈسٹری میں بیدی کی مکالمہ نویسی کا سکّہ بیٹھ گیا۔ پھر انھوں نے "دیوداس" کے مکالمے لکھے۔ فلم کے رومانی، المیہ اور ڈرامائی واقعات کو اثرانگیز بنانے میں بیدی کے مکالموں کا بہت بڑا حصہ ہے۔ "دیوداس" کو شہرہ آفاق فلم بنانے میں بمل رائے کی ہدایت کاری، دلیپ کمار کی اداکاری اور بیدی کی مکالمہ نگاری کا مساوی حصہ ہے۔

بمل رائے ہی کے لیے بیدی نے وہ سحر انگیز کہانی لکھی جو "مدھومتی" کے نام سے فلمائی گئی۔ بیدی نے اپنی کہانی "گرم کوٹ" کو بھی فلمایا جو اتنی کامیاب نہیں رہی۔ جب یہ خبر عام ہوئی کہ بیدی مرزا غالبؔ کے مکالمے بھی لکھ رہے ہیں تو لوگوں کو یقین نہیں آیا کہ دیہاتی فضاؤں میں پلا بڑھا ایک اکھڑ پنجابی سِکھ مغلیہ سلطنت کی شان و شوکت اور اس کی تہذیب اور آداب کی نزاکتوں کو مکالموں کے ذریعہ کیسے پیش کرسکے گا۔ لیکن بیدی نے یہ کام بھی کر دکھایا۔ مرزا غالبؔ کے مکالموں کا امتیازی وصف، صیقل شدہ زبان، بذلہ سنجی، ظرافت اور شائستگی ہے۔

اس کے علاوہ بیدی نے رشی کیش مکرجی کے لیے "انوپما" اور "ستیہ کام" جیسی فلموں کی کہانی اسکرین پلے اور مکالمے لکھے۔ ان فلموں کے علاوہ "بہاروں کے سپنے" اور "میرے ہمدم میرے دوست" بھی بیدی سے منسوب ہیں۔ اپنے بیٹے نریندر، جو خود ڈائرکٹر بن چکا تھا، کے مشورے پر انھوں نے "پھاگن" بنائی جو بری طرح ناکام ہوئی۔ آخری عمر میں ہریجنوں کے مسئلہ پر ایک فلم "آنکھیں دیکھی" بھی مکمل کی، لیکن ہنوز اسے دیکھنے کے لیے آنکھیں ترستی ہیں۔ ریلیز ہی نہیں ہوئی۔

بمبئی کے قیام کے دوران شدید خواہش کے باوجود افسانہ نگاری کے لیے وہ بہت وقت نکال نہ سکے، پھر بھی ان کے افسانوں کے چار مجموعے سامنے آئے۔ "کوکھ جلی"

۱۹۴۹ میں "اپنے دکھ مجھے دے دو" ۱۹۶۵ میں، "ہاتھ ہمارے قلم ہوئے" ۱۹۷۴ میں اور "مکتی بودھ" ۱۹۸۳ میں شائع ہوئیں۔ "کوکھ جلی" گو بمبئی سے شائع ہوئی، لیکن اس کی کہانیاں جموں اور دہلی کی سکونت کے دوران ضبط قلم ہوئی تھیں۔ اپنے بمبئی کے ۳۵ سالہ قیام کے دوران وہ لگ بھگ ۳۰، ۲۵ کہانیاں لکھ سکے۔ بیدی کا انتقال بمبئی میں گیارہ نومبر ۱۹۸۴ میں ہوا۔

(۲) قاضی عبد الستار: ایک منفرد فنکار

محمد شارب

قاضی عبدالستار ایک کامیاب ناول نگار تھے۔ ان کی زبان اوراسلوب تخلیقی ہے۔ اسی وجہ سے انھوں نے اپنے ناولوں میں بڑی مہارت کے ساتھ ابتدا تا انتہا باندھے رکھا ہے۔ وہ اردو کے معروف فکشن نگار اور پدم شری اعزازیافتہ تھے جن کا گزر جانا اردو فکشن کا ایک بڑا سانحہ ہے۔ فکشن کی ایسی قد آور شخصیت خال خال ملتی ہیں۔ وہ عہد حاضر کے ممتاز، معتبر اور معمار فکشن ہونے کے ساتھ ساتھ ایسی تخلیقی قوت کے مالک تھے جن کی عظمت کا اعتراف ان کے معاصرین کرتے ہیں۔ ۸ فروری ۱۹۳۳ میں سیتاپور ضلعے کے مچھریٹا گاؤں، اترپردیش میں پیدا ہوئے۔ وہ لمبے عرصے سے بیمار چل رہے تھے اور علاج کے دوران ہی ۲۸ اکتوبر ۲۰۱۸ کی رات کو سر گنگارام ہاسپٹل، دہلی میں اپنے چاہنے والوں کو داغ مفارقت دے گئے لیکن ان کی ادبی خدمات انھیں تاحشر زندہ رکھے گی جسے فکشن کا قاری کبھی فراموش نہیں کر سکتا۔ علی گڑھ مسلم یونیورسٹی کے منٹو سرکل قبرستان میں انھیں سپرد خاک کیا گیا۔ علی گڑھ مسلم یونیورسٹی، شعبۂ اردو کے پروفیسر اور صدر شعبہ بھی رہے۔ ملازمت کے فرائض سے باعزت سبکدوش ہونے کے بعد بھی ادبی مصروفیات سے وابستگی رہی اور اپنے قلم کا لوہا منوایا۔

قاضی صاحب نے جہاں کثرت سے ناول رقم کیے وہیں افسانے بھی لکھے۔ ان کے افسانوں کا مجموعہ 'پیتل کا گھنٹہ' ہے جس میں شامل افسانوں کو پڑھ کر ان کی افسانوی صلاحیت کا اندازہ بخوبی لگایا جا سکتا ہے۔ ان کا پہلا ناول 'شکست کی آواز' ہے جسے انھوں

نے ۱۹۵۳میں لکھااور ادارۂ فروغ اردو، لکھنؤ سے جنوری ۱۹۵۴میں شائع کیا۔ بعد میں یہ ناول 'دودِ چراغ' کے نام سے بھی شائع ہوا۔ ہندی والوں نے اسے 'پہلا اور آخری خط' کے نام سے شائع کروایا۔ قاضی صاحب کا دوسرا ناول 'شب گزیدہ' ہے جو ۱۹۵۹ میں رسالہ 'نقوش' میں شائع ہوا۔ اس کے بعد ان کے کئی ناول بادل، داراشکوہ (۱۹۷۶)، صلاح الدین ایوبی (۱۹۶۸)، مجوّبھیا (۱۹۷۴)، غبار شب (۱۹۷۴)، غالب (۱۹۶۸)، خالد بن ولید (۱۹۹۵)، وغیرہ تواتر کے ساتھ منظر عام پر آئے اور انھیں فکشن کی دنیا میں حیات جاویدانی عطا کی۔ ان کے اسلوب بیان نے ایک ادبی مزاج کی تعمیر و تشکیل میں نمایاں رول ادا کیا ہے۔ یہ بھی سچ ہے کہ ان کے ناول 'حضرت جاں' اور 'تاجم سلطان' نے ان کی بڑھتی ہوئی مقبولیت کی رفتار کو متاثر بھی کیا بلکہ یوں کہا جائے کہ قاضی صاحب کے کیر ئیر میں عارضی ٹھہراؤ پیدا کیا تو غلط نہ ہو گا۔ بقول خالد اشرف:

"قاضی عبد الستار کے ناول عام طور پر دو موضوعات کا احاطہ کرتے ہیں ۱۵۱ اول تقسیم وطن کے نتیجہ کے طور پر یوپی کے مسلم جاگیر داروں کا زوال اور دوم مسلم فاتحین و مفکر کی تاریخ۔ اسی لیے ان کے کچھ ناول بنیادی طور پر تاریخی ناولوں کے زمرے میں آتے ہیں۔ 'آنگن' کی طرح قاضی عبد الستار کے یہاں بھی کہیں سیاست گھروں میں باپ بیٹوں اور بھائیوں کے درمیان دیواریں کھڑی کرتی نظر آتی ہے تو کہیں یہ نوجوان رئیس زادوں کو سب کچھ تیاگ کر گاندھی جی کے بتائے ہوئے راستے پر چل کر جدوجہد کی تلقین کرتے ہیں۔"١

قاضی صاحب کا پسندیدہ موضوع اودھ کے جاگیردارانہ نظام کا زوال ہے جسے انہوں نے اپنے کئی ناولوں میں برتا ہے۔ ان کو مکمل طور پر تاریخی ناول نگار کی حیثیت سے دیکھنا میری سمجھ سے زیادتی ہوگی کیونکہ ان کے ناولوں میں تہذیبی رجحان، سماجی

کیفیت، جاگیر دارانہ نظام کا زوال، حالات حاضرہ کی ترجمانی گو کہ متنوع موضوعات ان کے فکشن کے ترکش میں موجود ہیں جس کے جواز میں شکست کی آواز، شب گزیدہ، مجوّبھیا اور 'بادل' کو پیش کیا جا سکتا ہے۔ ناول 'شکست کی آواز' میں زمینداری کے خاتمے اور اس سے پیدا ہونے والے حالات کا تجزیہ کیا گیا ہے۔ اس میں دکھایا گیا ہے کہ لال پور کے جاگیر دار چودھری نعمت رسول کی تمام جاگیریں ختم ہو جانے کے بعد بھی وہ سابقہ آن بان اور شان و شوکت کو قائم رکھنے کا جھوٹا بھرم رکھتے ہیں اور اس کو برقرار رکھنے کے لیے ناجائز دولت کی حصولیابی میں منہمک ہو جاتے ہیں۔ یہ ناول اودھ کے جاگیر داروں کی کسمپرسی اور ان کے افلاس کا اظہار ہے۔ ذرا دیکھیں یہ اقتباس:

"اپنی بے کاری کا اسے بڑا غم ہے۔ مگر کیا کرے۔ نوکریاں تو موئی جیسے عنقا ہو گئیں ١٥١ اس ہندو حکومت میں کون پوچھتا ہے ہم لوگوں کو۔ ورنہ اب تک توڈپٹی ہو گیا ہوتا میرا لال۔ انگریزوں کے وقت معلوم نہیں تمھاری اس گڑھی میں کتنے آئے اور تحصیل دار اور ڈپٹی ہو گئے۔"٢

جاگیر داری ہاتھ سے نکل جانے کے بعد تعلیم یافتہ خاندانوں کے نوجوانوں نے ہندوستان ہی میں رہ کر سرکاری ملازمتیں حاصل کرنے کی کوشش کی لیکن فرقہ واریت اور تنگ نظری کے اس دور میں مسلمان امیدواروں پر ملازمتوں کے دروازے بند کر دیے گئے۔ اس ناول میں جاوید، اجے اور سلمیٰ کے عشق کو بھی دکھایا گیا ہے جو اقتصادی کمزوریوں کی بنا پر ناکام رہتے ہیں۔ اس میں ایک اور جاندار کردار کنور وکرم راج سنگھ ہے جسے مصنف نے بھائی چارے کے نمائندے کے طور پر پیش کرتے ہوئے اپنے مسلم دوست کا انتقام ایک ہندو زمیندار کو قتل کر کے لیتا ہے۔ قاضی صاحب کا دوسرا ناول 'شب گزیدہ' کا موضوع بھی تقسیم ہند سے قبل کے اودھ کے جاگیر دارانہ ماحول کی

سسکتی زندگی اور اس کے خاتمے کا آئینہ دار ہے جس کا ہیرو جمیؔ اپنے باپ کی ریاست کے نظم ونسق میں کمی لانا چاہتا ہے لیکن اس کا باپ اپنی نپی تلی زندگی اور کسی بھی طرح کی تبدیلی کے خلاف ہے کیونکہ وہ عہد جدید کے بدلتے تقاضوں کے ساتھ ہم آہنگ ہونے کی صلاحیت کھو بیٹھا ہے۔ ملاحظہ ہو یہ اقتباس:

"آپ موٹر بھی رکھ لیجیے، فرنیچر بھی خرید لیجیے، آج کل کی مٹیا چینی سے دو چار الماریاں بھی بھر لیجیے لیکن دماغ سے یہ خناس نکال دیجیے کہ مصارف اس طرح کم ہوسکتے ہیں مصارف انہی کے ہوتے ہیں جن کو خدا مصارف کے لائق بناتا ہے۔ بدھو، خیراتی کے یہاں مصارف نہیں ہوتے۔"

"ابوا ۱۵ یہ بات میں نے اس لیے گوش گزار کی تھی کہ آئے دن اخباروں میں یہ آتا رہتا ہے کہ ہندوستان آزاد ہونے والا ہے اور ہندوستان آزاد ہونے کے بعد کانگریس حکومت جو کام سب سے پہلے کرے گی وہ یہ کرے گی کہ زمینداری ختم کرے گی۔"

"کیا؟"

ابوا تنے زور سے گرجے کہ جمی پریشان ہوگیا۔

"میری زمینداری چٹائی ہے؟ دری ہے؟ جاجم ہے؟ آخر کیا ہے؟ آخر کیا ہے؟۔'۳۱

مذکورہ بالا اقتباس سے پتہ چلتا ہے فرسودہ تصورات کو اپنائے ہوئے ہے۔ اس طبقے کی ذہنی سخت گیری ہی اس کے خاتمے کی بڑی وجہ بنتی ہے۔ قاضی عبدالستار کے تخلیقی میلانات پر اس ماحول کے گہرے نشانات ہیں جس میں ان کی پرورش وپرداخت ہوئی۔ جاگیردارانہ نظام کی دم توڑتی زندگی، بدلتے نظام کی آئینہ داری، حالات حاضرہ کی ترجمانی اور اس سے پیدا شدہ اضطراری اور ماضی کی بازیافت نے ان کے ذہنی، فکری اور تخلیقی میلان کو توانائی عطا کی ہے۔ ناول 'غبار شب' کا موضوع بھی جاگیردارانہ معاشرے کا ہی

اختتامیہ ہے۔ یہ ناول ہندو مسلم تنازعہ کا عکاس ہے۔ یہ تنازعہ تعزیہ اور پیپل کے پیڑ سے شروع ہوتا ہے اور پھر پوری بستی کو اپنے نرغے میں لے لیتا ہے۔ جھام پور کا جاگیر دار جمیل اس کا مرکزی کردار ہے جو ہندو مسلم کے بھید بھاؤ کو سمجھ نہیں پاتا ہے کیونکہ دونوں فرقے اس کی رعیت ہیں۔ دونوں اس سے اور وہ دونوں سے محبت کرتا ہے لیکن چودھری اقبال نرائن اور عنایت خاں کی سازشیں پورے ماحول کو پراگندہ کر دیتی ہیں۔

قاضی صاحب کسی خاص تحریک سے وابستہ نہیں تھے۔ ان کے یہاں زندگی کا ہر پہلو اور ہر جزو پایا جاتا ہے۔ بدلتے ہوئے حالات کے ساتھ ان کا ذہن اور ان کا قلم بھی تغیر پذیر رہا۔ انھوں نے اپنا رشتہ زندگی سے جوڑا ہے اس لیے انسانی معاشرہ کی مکمل اور جامع تصویریں ان کے یہاں دکھائی دیتی ہیں۔ وارث علوی نے اپنے مضمون میں لکھا ہے کہ "جب ہم قاضی صاحب کی ادبی تخلیقات کا ذکر کرتے ہیں تو ان میں عموماً ان کے تاریخی ناولوں کا ذکر نہیں کرتے ہیں۔" قاضی صاحب اس کے جواز میں کچھ یوں رقمطراز ہیں:

"تاریخی ناول، ناول کی ایک الگ ہی قسم ہے جس میں عموماً ناول نگار اپنے بیتے ہوئے عہد کو اس کے تمام تہذیبی اور تمدنی دبدبے کے ساتھ قد آور کرداروں اور ان کی شاندار مہمات اور پُر وقار ڈرامائی مکالموں، ان کے ہوش رُبا معاشقوں اور ان کے عروج وزوال کی ولولہ انگیز کہانیوں کو رفیع الشان رزمیہ اسلوب میں بیان کرتا ہے۔ ایسی شاندار تاریخی ناولوں پر تنقید کے اصول اور آداب بھی وہ نہیں ہوتے جو ایک عام آدمی کی زندگی کا نقشہ کھینچنے والی حقیقت نگار اور نفسیاتی یا سماجی ناول کی تنقید کے ہوتے ہیں۔ میں ذاتی طور پر تاریخی ناولوں میں دلچسپی نہیں رکھتا اس لیے ان پر تنقید کے آداب سے واقف نہیں اور نہ چلتا ہے کہ جمّی کا باپ روایتی شان وشوکت اور وضعداری نبھانے کے نام پر اپنے

پچاس ہزار فولاد سواریوں کو رکاب میں لیے لوہے کا لباس پہنے احکامات عالیہ کا انتظار کر رہے تھے۔"٦

قاضی عبدالستار کا الفاظ کا ذخیرہ انتہائی وسیع ہے، وہ الفاظ پر اس قدر قدرت رکھتے ہیں کہ اسے مختلف پیرائے میں استعمال کر لیتے ہیں۔ انہوں نے ہرقل اعظم کے حشم جاہ وجلال اور بادشاہ کی شان و شوکت کو قائم رکھا ہے۔ یہ ناول نگار کا ہی کمال ہے کہ چند الفاظ کی وجہ سے کردار کی شخصیت پڑھنے والے قاری پر واضح کر دیتے ہیں۔ ان کی تمام تصانیف کا بغور مطالعہ کرنے کے بعد نورالحسنین اس نتیجہ پر پہنچے ہیں کہ:

"تاریخ کے جھروکوں سے عبدالحلیم شرر اور نسیم حجازی وغیرہ ادیبوں نے نیم تاریخی اور فرضی کرداروں کے حسن و عشق کی داستانوں سے قاری کی آنکھوں کو خیرہ کرنے کی کوشش کی تو قاضی عبدالستار نے تاریخ کے پردوں میں سے حقائق کو بیان کرتے ہوئے شاہی خاندانوں کی عظمتوں کے نشان، ان کے رعب داب، رہن سہن، جاہ وجلال اور زبان و بیان کے انداز کو قاری کے حافظے کا حصہ بنا دیا۔"

قاضی صاحب نے اپنی ۸۵ سالہ زندگی میں کئی ادبی کارنامے انجام دے ئے جن کی بنیاد پر انہیں اہم اعزازات سے نوازا گیا جن میں پدم شری ایوارڈ، غالب ایوارڈ، میر ایوارڈ، یوپی اردو اکادمی ایوارڈ، عالمی ایوارڈ، پہلا نشانِ سر سید ایوارڈ، بہادر شاہ ظفر ایوارڈ، دوہا (قطر) کا بین الاقوامی ایوارڈ، قومی اقبال ایوارڈ قابل ذکر ہیں۔

(۳) بلراج ساہنی: ہندی فلمی دنیا کا اہم ستون

انیس امروہوی

ہندوستان کے صوبہ پنجاب نے جہاں زندگی کے دُوسرے شعبوں میں بڑے بڑے فنکار پیدا کیے ہیں، وہیں فلمی دُنیا کو بھی کئی اہم ستون بخشے ہیں۔ پرتھوی راجکپور، دلیپ کمار، ساحر لدھیانوی، راجکپور، دھرمیندر، راج کھوسلہ، بی۔ آر چوپڑہ، یش چوپڑہ، نور جہاں، پران، راجندر سنگھ بیدی اور راجیندر کمار وغیرہ کے نام فلمی تاریخ کبھی فراموش نہیں کر سکتی۔ اُسی پنجاب نے، چاہے وہ پاکستان کا پنجاب ہو یا ہندوستان کا پنجاب۔۔۔ یا ہم یوں کہیں کہ غیر منقسم پنجاب نے ایک بہت بڑے فنکار کو جنم دیا جو آگے چل کر فلمی دنیا کا اہم ستون ثابت ہوا۔

بلراج ساہنی کا جنم یکم مئی ۱۹۱۳ کو راولپنڈی میں ہوا تھا، جو تقسیم وطن کے بعد اب پاکستان میں ہے۔ راولپنڈی دو بڑے شہروں، لاہور اور پیشاور کے درمیان میں ایک نسبتاً چھوٹا شہر تھا۔ پیشاور کے لوگ پرانی وضع کے تھے، جبکہ لاہور نئی روشنی کا شہر تھا، لیکن بلراج جی کے بچپن میں راولپنڈی میں بھی نئی روشنی ہونے لگی تھی، اور قدیم شہر جدیدیت کی طرف گامزن ہو گیا تھا۔ ہندوستان کی تحریک آزادی کی وجہ سے بھی لوگوں میں ایک نیا سیاسی شعور بیدار ہونے لگا تھا۔ غیر ملکی کپڑوں کی ہولی جلائی جانے لگی تھی اور نمک کا قانون بھی توڑا جانے لگا تھا۔

بلراج ساہنی کی زندگی کی کہانی بھی اپنے آپ میں ایک عجیب وغریب داستان

ہے۔۔۔ بڑی سادہ سی زندگی، مگر کتنی جدوجہد بھری۔ بلراج ساہنی کے والد ہربنس لال ساہنی راولپنڈی کے چھاچھی محلہ کے ایک دو منزلہ مکان میں اپنی بیوی لکشمی، دو بیٹوں، بلراج اور بھیشم اور دو بیٹیوں، ویراں اور سمترا کے ساتھ رہتے تھے۔ ان سب بچوں میں تیسرے نمبر پر بلراج ساہنی تھے اور بھیشم سب سے چھوٹے تھے۔ ان کے والد کپڑے کا کاروبار کرتے تھے، جس میں کمیشن کے طور پر اوسط آمدنی ہو جایا کرتی تھی۔ ان کے والد کی بازار میں کوئی دوکان نہیں تھی، بلکہ گھر پر ہی مکان کے نچلے حصے میں انھوں نے ایک چھوٹا سا دفتر بنا لیا تھا۔ خاندان کے سب لوگ گھر کے اوپری حصے میں رہتے تھے۔ بلراج جی کے والد ہربنس لال ساہنی آریہ سماجی خیالات کے تھے اور راولپنڈی کے آریہ سماج کے منتری بھی تھے۔ ان دِنوں آریہ سماج کا ہمارے معاشرے پر اثر بڑھ رہا تھا اور مورتی پوجا، مذہبی ڈھونگ اور اندھے عقائد و روایات کے خلاف ویدک ادب، سنسکرت زبان اور سچے صوفی ازم کے رجحانات سماج پر کافی اثر ڈال رہے تھے۔

بلراج ساہنی اور اُن کے چھوٹے بھائی بھیشم ساہنی کو بچپن میں گروکل میں سنسکرت پڑھنے کے لیے بھیجا گیا، مگر وہاں دونوں کا دل نہیں لگا اور ایک دن بلراج ساہنی نے اپنا فیصلہ اپنے والد کو سنا دیا کہ وہ اب گروکل میں نہیں بلکہ اسکول میں پڑھیں گے۔ اُن کے والد اس بات سے حیران رہ گئے، مگر حقیقت میں بلراج ساہنی نے جیسے ان ہی کے دل کی بات کہہ دی تھی۔ وہ اپنا سارا کام اُردو یا انگریزی میں کرتے تھے، اور یہ سمجھتے تھے کہ نئی طرز کی تعلیم اب اُن کے بچوں کے لیے بھی ضروری ہو گئی ہے۔ ان کی والدہ بھی بچوں کو نئی تعلیم دلانے کے حق میں تھیں، اس لیے دونوں بھائیوں کو اسکول میں داخل کرا دیا گیا۔ بڑے بھائی بلراج ساہنی چھوٹے بھائی بھیشم ساہنی سے صرف دو سال ہی بڑے تھے، مگر انہیں چوتھی کلاس میں اور بھیشم ساہنی کو پہلے درجے میں داخلہ ملا۔

بلراج ساہنی لڑکپن سے ہی اپنا ادبی رجحان نظموں کے ذریعے ظاہر کرنے لگے تھے، صرف پندرہ برس کی عمر میں ہی وہ اردو میں شعر کہنے لگے۔ ایک پوری نظم انگریزی میں بھگت سنگھ کی یاد میں کہہ ڈالی۔ بلراج اور بھیشم دونوں بھائیوں نے مڈل کلاس تک کی تعلیم راولپنڈی میں ہی حاصل کی، بعد میں اعلیٰ تعلیم کے لیے وہ لاہور چلے گئے۔

بلراج ساہنی کو بچپن سے ہی ادبی ماحول اپنے خاندان میں ہی مل گیا تھا۔ ان کی دو پھوپی زاد بہنیں کشمیر میں رہتی تھیں، جن میں سے ایک پروشارتھ وتی کے شوہر جانے مانے ادیب اور مدیر چندر گپت وِدیالنکار تھے، جو ادب پر اکثر بحثیں کرتے رہتے تھے۔ بلراج ساہنی نے بچپن میں اپنی والدہ سے بھی سنا تھا کہ ان کی دادی بھی کویتا کہتی تھیں اور ان کے کاروباری والد نے بھی بتایا تھا کہ ایک زمانے میں انھوں نے بھی ایک ناول لکھا تھا، مگر وہ شائع نہیں ہو سکا تھا۔

بلراج ساہنی کی تعلیم ایم۔اے انگریزی تک ہونے کے بعد ان کے والد ہربنس لال ساہنی نے ان کو اپنے کپڑے کے کاروبار میں شامل کر لیا۔ شادی کے بعد ۱۹۳۷ میں بلراج ساہنی نے والد اور چھوٹے بھائی بھیشم ساہنی کو کاروبار اور دفتر کی ذمے داریاں سونپ کر گھر والوں سے الوداع کہا اور اپنی بیوی دمینتی کے ساتھ کولکاتہ میں رابندر ناتھ ٹیگور کے شانتی نکیتن چلے گئے، جہاں انھوں نے ہندی اور انگریزی کے استاد کی حیثیت سے خدمات انجام دیں۔

شانتی نکیتن کا ماحول بلراج ساہنی کے مزاج کے عین مطابق تھا۔ وہاں پہنچ کر بلراج کے دل نے گواہی دی کہ یہی زندگی ہے جو وہ جینا چاہتا ہے۔ شروع شروع میں شانتی نکیتن کے پُرسکون ماحول میں بلراج ساہنی کا دل خوب لگا، مگر جلد ہی وہ وہاں کی یکسانیت اور موسیقی ریز ادبی ماحول سے اُکتا گئے۔ ان کو وہاں کی شانت اور پُرسکون زندگی سے

اُلجھن سی ہونے لگی، کیونکہ ان کے دل میں کچھ کر گزرنے کا ارمان جوش مار رہا تھا۔ بلراج ساہنی کے دل میں ملک و قوم کے لیے اپنے آپ کو وقف کر دینے کا جذبہ موجزن تھا۔ ایسا لگتا تھا کہ جیسے ملک کی روح، ہندوستان کی آتما اُن کو اپنی طرف بلا رہی ہے۔ ملک و قوم کی اس آواز پر بلراج ساہنی مہاتما گاندھی کے پاس وَردھا جا پہنچے۔

وردھا پہنچ کر انھوں نے رسالہ 'نئی تعلیم' کی ادارت اپنے ذمے لے لی۔ ابھی تھوڑے ہی دن ہوئے تھے کہ ۱۹۳۹ میں بلراج ساہنی کو بی۔ بی۔ سی لندن سے مراسلہ ملا کہ ان کا انتخاب بی۔ بی۔ سی کی ہندی سروس میں اناؤنسر کی حیثیت سے ہو گیا ہے۔ لہٰذا وہ گاندھی جی سے آشیرواد لے کر انگلینڈ چلے گئے، جہاں بی۔ بی۔ سی۔ کی ریڈیو سروس میں ہندی کے اناؤنسر کی حیثیت سے ملازم ہوئے۔ اس طرح بلراج ساہنی پورے چار برس تک ملک سے باہر رہ کر ملک کی اہم خدمت انجام دیتے رہے اور یہ چار برس بلراج ساہنی کی زندگی میں بڑے عجیب گزرے اور ان کی زندگی کے لیے اہم بھی تھے۔

یہاں رہتے ہوئے ہندوستان میں چل رہی آزادی کی لڑائی میں شامل نہ ہونا اب ان کے بس کی بات نہ رہی تھی۔ لہٰذا وہ اس جنگِ آزادی میں اپنے ہم وطنوں کے کندھے سے کندھا ملا کر لڑنے کے لیے وطن واپس چلے آئے۔ یہاں آکر انہوں نے 'لوک ناٹیہ منچ' کی ذمے داریاں قبول کرلیں۔ یہ بھی ایک طریقہ تھا عام لوگوں سے وابستہ ہونے اور عام زندگی سے قریب رہنے کا۔ ناٹک یا ڈرامے کے ذریعے ایک عام آدمی سے اداکار یا فنکار کا کتنا گہرا تعلق ہوتا ہے، یہ بات بلراج ساہنی کو بہت اچھی طرح معلوم تھی، اور وہ یہی کر بھی رہے تھے۔ ڈراموں سے اُن کو اتنا لگاؤ تھا کہ رات دن سوتے جاگتے بس ڈراموں کی ہی باتیں ان کی گفتگو کا موضوع ہوا کرتی تھیں۔ اس کے ساتھ ہی وہ تحریک آزادی میں بھی برابر حصہ لیتے رہے اور ہر طرح سے کانگریس کے ایک اہم اور سرگرم رکن رہے۔ اسی

دوران بلراج ساہنی کا ذہن فلموں کی طرف متوجہ ہوا، اور انہوں نے فلموں سے وابستہ ہونے کا مصمم ارادہ کر لیا۔ ۱۹۴۴ میں وہ اپٹا (انڈین پیپلز تھیئٹر ایسوسی ایشن) سے وابستہ ہو گئے، وہیں سے فلمساز وہدایت کار مجمدار کی فلم 'انصاف' میں ایک چھوٹا سا کردار ادا کیا۔

اس کے فوراً بعد ہی خواجہ احمد عباس کی فلم 'دھرتی کے لال' میں ایک بھرپور کردار ادا کرنے سے ان کی پہچان شروع ہوئی۔ یہ فلم بنگال کے قحط زدگان سے متعلق ایک انتہائی اثر دار فلم تھی۔

جب بلراج ساہنی پوری طرح فلموں سے وابستہ ہو گئے اور انہوں نے اپنے آپ کو مکمل طور پر فلموں سے جوڑ لیا تب اس زمانے کے چند بڑے اچھے اور قابل فلمساز اور ہدایتکار فلمی دنیا میں موجود تھے۔ یہ بلراج ساہنی کی خوش قسمتی تھی کہ ان کو ہمیشہ قابل اور سلجھے ہوئے ہدایتکار اور فلمساز ملے۔ یہی وجہ ہے کہ فلمی آسمان پر بلراج ساہنی کا نام اس روشن ستارے کی طرح جگمگایا جس سے لوگ دشاؤں کا گیان حاصل کرتے ہیں۔

بلراج ساہنی نے اپنی فلمی زندگی کا باقاعدہ آغاز ۱۹۴۶ میں فلم 'دھرتی کے لال' سے کیا، مگر ان کو شہرت ملی ۱۹۵۳ میں ریلیز بمل رائے کی فلم 'دو بیگھہ زمین' سے۔ اس فلم نے عالمی شہرت حاصل کی اور کانس فلم فیسٹیول میں اعزاز سے نوازی گئی۔ ۱۹۴۷ میں کم عمری میں ہی اُن کی بیوی دمینتی ساہنی کا انتقال ہو گیا اور اس کے دو سال بعد ہی بلراج ساہنی نے اپنی ایک کزن سنتوش چنڈھوک سے شادی کر لی، جو ٹیلی ویژن میں ایک مصنفہ کے طور پر مشہور ہوئیں۔

گرم کوٹ، ہیرا موتی، دو بیگھہ زمین، ہم لوگ، کابلی والا، سیما، گرم ہوا، ہنستے زخم، وقت، حقیقت، سنگھرش اور 'نیل کمل' وغیرہ کچھ ایسی فلمیں ہیں جن میں بلراج ساہنی نے اپنی فنی صلاحیتوں سے ان سب کرداروں کو زندگی بخشی جو اِن فلموں میں انھوں نے

پیش کیے۔ یہ چند ایسی فلمیں ہیں جن کی وجہ سے بلراج ساہنی کو فلمی تاریخ کبھی فراموش نہیں کر سکتی۔

بلراج ساہنی ایک نیک دل، سلجھے ہوئے اور دانشور قسم کے سادگی پسند انسان تھے۔ سب سے بڑی بات یہ تھی کہ وہ انسان کو انسان ہی سمجھتے تھے اور چھوٹے، بڑے یا امیر غریب کی تفریق کرنا اُن کے مزاج کے خلاف تھا۔

اس سلسلے کا ایک واقعہ بلراج ساہنی نے اپنی کتاب 'یادیں' میں تحریر کیا ہے، بلراج ساہنی کسی فلم کی شوٹنگ کے لیے چنڈی گڑھ آئے ہوئے تھے۔ آوٹ ڈور کا کام تھا اور فلم کا سارا یونٹ ایک رات کسی امیر دوست کے گھر پارٹی میں مصروف تھا۔ بڑے زوروں کی محفل جمی ہوئی تھی۔ پنجابی مہمان نوازی، پنجابی حسن، پنجابی ہنسی مذاق اپنے شباب پر تھا۔ مارچ کے مہینے کا بے حد سہانا موسم تھا۔ دن بھر تمام یونٹ نے شوالک کی پہاڑیوں کے آنچل میں شوٹنگ کی تھی اور بڑے حسین شاٹ لیے تھے۔ اسکاچ کے گھونٹ بھرتے ہوئے دن بھر کی تھکاوٹ میں بھی بڑا سرور محسوس ہو رہا تھا۔ ڈرائنگ روم بھی دوشیزاؤں سے دہک رہا تھا۔ ایسے ماحول میں بلراج ساہنی کے ایک دوست نے آکر کان میں کہا۔ "بلّی! باہر ایک آدمی کھڑا ہے تم سے ملنے کے لیے۔ ذرا ایک منٹ باہر جا کر اُسے درشن دے آؤ۔"

"یہ نہیں ہو گا۔" بلراج نے کہا۔ "آج کے دن میں ساری ڈیوٹیاں ادا کر چکا ہوں۔ اب اپنے نجی وقت پر مجھے مکمل اختیار حاصل ہے اور اس کا پورا پورا مزہ لینا چاہتا ہوں۔ تم اس سے کہہ دو کہ کل صبح مجھے ہوٹل میں آ کر ملے۔"

"میری درخواست ہے بلی۔ وہ شام پانچ بجے کے پہلے سے ہی میری کوٹھی پر تھا اور اب اس کوٹھی کے باہر کھڑا ہے۔" دوستوں میں سب ان کو بلّی کہتے تھے۔

دوست کی اس درخواست پر بلراج ساہنی بڑی بے دلی کے ساتھ باہر آئے۔ دودھیا چاندنی میں چمک رہے سیمنٹ کے فرش پر کھڑے کچھ لوگوں کی ٹولی کے پاس بگھی پر پلاسٹک کے پتلے کی طرح اوم پرکاش نام کا ایک شخص بیٹھا ہوا تھا۔ بلراج کو دیکھ کر اس نے فوجی ڈھنگ سے سلام کیا، جس کا مطلب بلراج ساہنی سمجھ نہ پائے۔ ان کو یہ بھی معلوم نہ تھا کہ اتنے لوگوں میں ان کو کس سے ملنا ہے۔ قریب جا کر وہ ان سب لوگوں سے ہاتھ ملانے لگے، اور اوم پرکاش بگھی پر بیٹھے ہوئے ہی بولا۔ "کیا ہم بھی میجر رَن وِیر سنگھ صاحب کے ساتھ ہاتھ ملا سکتے ہیں؟" اتنا کہہ کر وہ کھکھلا کر ہنس پڑا۔

بلراج ساہنی کو حیرت ہوئی اور اس کو بغیر ٹانگوں کے دیکھ کر ہمدردی بھی۔ ایک خیال ان کے دماغ میں یہ بھی آیا کہ یہ لوگ کہیں ان کے ساتھ مذاق تو نہیں کر رہے۔

"کون میجر رن ویر سنگھ؟" بلراج ساہنی نے حیرت سے پوچھا۔

"حقیقت" کے رن ویر سنگھ، اور کون؟" وہ پھر اسی طرح ہنسا۔

اب بلراج جی کو یاد آیا کہ فلم 'حقیقت' میں انھوں نے ایک فوجی میجر رن ویر سنگھ کا کردار ادا کیا تھا۔ حالانکہ بات کافی پُرانی ہو گئی تھی مگر اس وقت اوم پرکاش کے ان الفاظ سے بلراج جی کو خوشی ضرور ہوئی تھی۔

"میں نے تین بار دیکھی تھی صاحب وہ پکچر۔ چوتھی بار اپنی ماں کو ساتھ لے کر دیکھنا چاہتا تھا، مگر میرے پاس پیسے نہیں تھے۔" اوم پرکاش نے پھر کہا۔

"اتنی زیادہ پسند آئی تمھیں۔" بلراج جی نے رسمی طور پر پوچھا۔

"کیسے نہ آتی صاحب، ہم بھی تو لڑے ہیں چینیوں کے ساتھ۔ آپ میجر ٹھہرے، ہم ایک معمولی سپاہی سہی۔"

اس کی طنزیہ ہنسی اور لکڑی کی ٹانگوں کی اصلیت جان کر بلراج جی حیرت زدہ رہ

گئے۔ ایک فوجی جوان جس نے جنگ میں دونوں ٹانگیں کھوئی تھیں، اُن سے ملنے کے لیے چار گھنٹے سے انتظار کر رہا تھا۔ ان کو بڑی شرمندگی محسوس ہوئی۔

"تم نے مجھے اطلاع کیوں نہیں دی کہ تم فوجی جوان ہو؟" بلراج ساہنی نے پوچھا۔

"بتا کر ملنے میں نہیں، بلکہ مل کر بتانے میں مزہ ہے میجر صاحب۔" اس نے کہا۔

"مجھے بار بار میجر کہہ کر شرمندہ نہ کرو، خدا کا واسطہ ہے۔" بلراج ساہنی نے عاجزی سے کہا۔

"آپ اپنی قیمت ہمارے دل سے پوچھیے۔" اوم پرکاش نے کہا۔ اس کی باتوں میں کتنی حقیقت تھی، کتنی ایکٹنگ تھی، بلراج ساہنی کو اندازہ نہیں ہو رہا تھا۔

ایکٹنگ میں بھی مجبوری کا جزو ہوتا ہے۔ عورت ہمارے سماج میں مجبور ہے، اس لیے اپنی خواہشوں کو تہوں میں لپیٹ کر رکھتی ہے۔ وہ اپنی ہار میں بھی جیت کا مزہ لینے کی کوشش کرتی ہے۔ بلراج بھی اگر اس وقت مجبور نہ ہوتے تو بغیر ہچکچاہٹ اس بہادر نوجوان کو پوری عزت کے ساتھ پارٹی میں اندر لے جاتے اور اس سے ہاتھ ملانا ہر کسی کے لیے فخر کی بات ہوتی۔ اس کی بدولت پارٹی کو چار چاند لگ جاتے۔ مگر وہ صرف ایسا سوچ سکتے تھے کیونکہ اپنی سوچ پر عمل نہ کرنے کے لیے وہ مجبور تھے۔ اپنے جذبات کو قابو میں کرتے ہوئے انہوں نے جوان سے اتنا ہی کہا۔ "میرے لائق کوئی خدمت ہو تو ضرور بتانا۔"

"وہ تو ابھی بتائے دیتا ہوں۔ آپ منظور کریں گے؟ میرا گھر یہاں سے صرف پانچ منٹ کے فاصلے پر ہے۔ ذرا چل کر میری ماں سے مل لیجیے، آپ کی بڑی مہربانی ہوگی۔" اوم پرکاش نے بلا تکلف کہہ دیا۔

بلراج جی اسی وقت اپنی رنگین اور پُرشباب پارٹی چھوڑ کر دوستوں کے منع کرنے

کے باوجود اس جوان کے ساتھ اس کی خوشی کے لیے اس کے گھر روانہ ہو گئے۔

بلراج جی کی زندگی میں اس قسم کے ہزاروں واقعات بھرے پڑے ہیں جن کو قلمبند کرنے کی نہ تو یہاں گنجائش ہے اور نہ ہی ضرورت۔ کیونکہ وہ ہر لحاظ سے ایک نیک دل اور سادہ لوح انسان تھے، اور ایسے ہی کردار انھوں نے فلمی پردے پر اپنی فنکارانہ صلاحیتوں سے اُجاگر کیے تھے۔

فلموں سے وابستہ ہو کر بھی بلراج ساہنی کی دیش بھگتی اور قوم پرستی میں کوئی کمی نہیں آئی۔ انہوں نے اپنے ہم خیال لوگوں کے ساتھ مل کر عوام کے درمیان خدمت خلق کا کام جاری رکھا۔ ان کے ساتھیوں میں راجندر سنگھ بیدی، خواجہ احمد عباس، کیفی اعظمی اور رشی کیش مکرجی کے نام خاص طور پر لیے جاسکتے ہیں۔ بلراج ساہنی نے اُن دنوں ایسی ہی فلموں میں کام بھی کیا۔ 'گرم کوٹ، فٹ پاتھ، وقت' اور 'حقیقت' وغیرہ فلموں کی کہانی مکمل طور پر سچائی سے بھری زندگیوں کی ہی کہانیاں تھیں۔ اسی لیے ان فلموں کو نہ صرف ہندوستان میں بلکہ غیر ممالک میں بھی شہرت اور مقبولیت حاصل ہوئی۔ ان فلموں کو فلم بینوں کے ہر طبقے نے سراہا۔ سماجوادی ممالک میں شاید پہلی بار ان ہی فلموں نے ہندوستان کی نمائندگی کی اور ان فلموں سے ہندوستان کی عزت افزائی ہوئی۔ حالانکہ ان فلموں میں سے کچھ نے تجارتی نقطہ نگاہ سے کوئی خاص کامیابی نہ بھی حاصل کی ہو، مگر بلراج ساہنی نے پھر بھی اپنی آخری سانسوں تک ہار نہیں مانی اور ہمیشہ اس کوشش میں لگے رہے کہ ایسی فلموں میں کام کریں جن میں دولت کمانے کا مقصد نہ ہو کر انسانیت کی قیمت اور اہمیت کو ترجیح دی گئی ہو۔

اس سلسلے میں ایک واقعہ اور یاد آیا۔ اُن دِنوں ترلوک جیٹھلی 'گودان' بنانے کی تیاری میں مصروف تھے۔ انھوں نے ہیرو کے کردار کے لیے بلراج ساہنی سے رابطہ قائم

کرنا چاہا۔ اتفاق سے اُس وقت بلراج ساہنی شہر سے باہر گئے ہوئے تھے۔ اُن کی غیر موجودگی میں سکریٹری نے یہ پیش کش ٹھکرادی۔ ہار کر جیٹھلی نے کسی دوسرے اداکار کو اس کردار کے لیے سائن کرلیا۔

بلراج جی جب واپس آئے تو انھیں اس بات کا علم ہوا۔ ان کو بہت افسوس ہوا۔ دراصل بلراج ساہنی کو پریم چند کے ناول 'گودان' کا یہ کردار 'ہوری' بہت پسند تھا۔ اس کردار کے ساتھ بلراج جی نے ہندوستان کے غریب عوام اور ان کی تڑپ کو دل سے محسوس کیا تھا۔

بلراج ساہنی اپنی آمدنی کا ایک مخصوص حصہ ہمیشہ غریبوں اور ضرورتمندوں میں تقسیم کیا کرتے تھے۔ بلراج جی کے فلمی کرداروں میں بھی ورائیٹی ملتی ہے۔ 'دو بیگھہ زمین' میں رکشہ چلانے والے کا کردار، 'تلاش' میں ایک کروڑپتی تجارتی آدمی کا کردار اور 'سنگھرش' میں گنپتی پرساد کا کردار، جس کی آنکھوں میں ہر وقت نفرت اور بدلے کی آگ بھڑکتی رہتی ہے، 'کابلی والا' کا بھولا بھالا پٹھان جس کی نگاہیں محبت اور خلوص وہمدردی سے ہمیشہ بوجھل رہتی ہیں۔ 'گرم ہوا' میں جوتے بنانے والے ایک مسلم کاریگر کا کردار کون بھلا سکتا ہے۔ 'حقیقت' میں میجر کا کردار اور اسی طرح کے بہت سے مختلف کردار جن کو بلراج ساہنی نے زندگی بخشی۔ وہ اپنے آپ کو کردار میں اتنا جذب کرلیا کرتے تھے، کہ بلراج ساہنی کا پردے پر کہیں نام ونشان نہیں ملتا تھا اور صرف کردار ہی رہ جاتا تھا۔

بلراج ساہنی کی شخصیت کا ایک روشن پہلو یہ بھی ہے کہ وہ ایک بہترین اور سلجھے ہوئے ترقی پسند مصنف بھی تھے۔ انہوں نے ہندی، انگریزی اور پنجابی ادب کو بہت یادگار تخلیقات بخشی ہیں۔ "میری غیر جذباتی ڈائری، یوروپ کے واسی، میرا پاکستانی

سفر نامہ " اور 'یادیں' کافی مقبول کتابیں ہیں۔ فلم اور اسٹیج کے موضوع پر بھی انھوں نے 'سنیما اور اسٹیج' اور 'میری فلمی آتم کتھا' تصنیف کیں۔

۱۹۴۹ میں بلراج ساہنی کو ان کی کتاب 'میرا روسی سفر نامہ' کے لیے سوویت نہرو ایوارڈ سے نوازا گیا۔ ۱۹۶۹ میں بلراج ساہنی کو حکومت ہند کی طرف سے پدم شری کے اعزاز سے نوازا گیا۔ بلراج ساہنی نے دیو آنند کے لیے فلم 'بازی' کی کہانی بھی لکھی تھی جس کو گرو دت کی ہدایت میں بنایا گیا۔

۱۳ اپریل ۱۹۷۳ کو صرف ساٹھ برس کی عمر میں بلراج ساہنی کا دل کا دورہ پڑنے سے انتقال ہو گیا۔ اِس سے کچھ عرصہ قبل ہی ان کی بیٹی شبنم کا انتقال کم عمری میں ہو گیا تھا، جس کی وجہ سے وہ بہت دل برداشتہ اور رنجیدہ تھے۔

اس میں دو رائے نہیں کہ بلراج ساہنی اداکاری کی دنیا میں ایک ایسا خلاء چھوڑ گئے ہیں جس کو پُر کرنا برسوں تک ہندوستانی فنکاروں کے بس کی بات نہیں۔

(۴) پانی پت کی چند مایہ ناز علمی و ادبی ہستیاں

رؤف خیر

پانی پت کی جنگوں کی تاریخی اہمیت اپنی جگہ مسلم ہے مگر اس کی ادبی و مذہبی شناخت میں جن شخصیات نے اپنا حصہ ادا کیا ہے وہ بھی تاریخی حیثیت کی حامل ہیں۔ ان میں سب سے قد آور شخصیت شمس العلما خواجہ الطاف حسین حالی کی ہے۔ مرزا غالب کو روشناسِ خلق کروانے میں حالی کی خدمات کے اہل نظر تو معترف ہیں ہی خود غالب کو بھی اس کا احساس رہا خوش گمان غالب یہ کہہ کر دل کو تسلی دے رہے تھے۔

ہوں گرمیِ نشاطِ تصور سے نغمہ سنج
میں عندلیبِ گلشنِ ناآفریدہ ہوں

شہ کا مصاحب ہونے سے ذوق کا مقام و مرتبہ اس دور میں اونچا تھا۔ مومن اپنی ذہانت و رومانیت کی وجہ سے مقبول خاص و عام تھے۔ غالب کے بارے میں عام خیال یہی پایا جاتا تھا کہ اپنا کہا خود سمجھیں یا خدا سمجھے۔ اسی لیے غالب گویم مشکل و گرنہ گویم مشکل کی منزل سے گزر رہے تھے۔ سچ پوچھیے تو غالب پر حالی کا بڑا احسان ہے جہاں حالی نے 'یادگارِ غالب' کے ذریعے غالب کو یادگار بنادیا، وہیں سرسید احمد خان کو بھی 'حیاتِ جاوید' بخشی۔ غالب کی طرح سرسید بھی اپنے دور میں سیاسی و مذہبی، سماجی و اصلاحی اعتقادات و اقدامات کی وجہ سے عوام میں نامقبول ہی رہے۔ وہ تو خواجہ الطاف حسین حالی ہیں جنھوں نے غالب و سرسید کی بلند قامتی کا احساس کروایا۔ سرسید کی ایما پر 'مدوجزر اسلام' (مسدس

حالی) جیسا شاہ کار ادب کو دیا اسے سر سید بھی اپنے لیے 'شاہ نیکی' خیال کرتے تھے۔ جدید نظم اور جدید تنقید کے بنیاد گزاروں میں بھی حالی کا نام لیا جاتا ہے۔ 'مقدمۂ شعر و شاعری' کے ذریعے حالی نے شعری منظر نامہ ہی بدل کر رکھ دیا۔ حالی نے شعر کی خصوصیات میں سادگی، اصلیت جوش کی اہمیت دکھائی وہیں شاعر کے لیے رہنما اصول (بلند تخیل، عمیق مطالعۂ کائنات اور تفحصِ الفاظ) کا بے مثال تحفہ دیا۔

پانی پت کی دوسری بڑی شخصیت پروفیسر وحید الدین سلیم پانی پتی کی ہے ۱۸۵۹ میں پیدا ہونے والے سلیم ۱۹۲۸ میں اپنے پیچھے کئی کارنامے چھوڑ گئے۔ پانی پت سے آگے بڑھے تو علی گڑھ میں سر سید احمد خاں کی خدمت میں جٹے رہے۔ فرماں روائے حیدرآباد میر عثمان علی خاں بہادر نظام سابع نے حیدرآباد کو مثالی مملکت بنانے میں سر سید کا تعاون چاہا تو انھوں نے اپنے خاص معتمد و معتبر حضرات جیسے مہدی علی خان اور وحید الدین سلیم کو اپنی سفارش کے ساتھ بھیجا۔ مہدی علی خان محسن الملک ہو گئے اور وحید الدین سلیم عثمانیہ یونیورسٹی کے پروفیسر ہو گئے۔ دوسرے صدر شعبۂ اردو ہوئے پھر دارالترجمہ میں وضع اصطلاحات کمیٹی کے خاص رکن ٹھہرے۔

خواجہ احمد عباس بھی پانی پت کی خاک سے اٹھنے والے اور حالی کے خاندان کے مشہور و ممتاز فرد تھے۔ ان کا ناول 'انقلاب 'شاہ کار سمجھا جاتا تھا۔ وہ پکے سیکولر قلم کار تھے۔ گاندھیائی فلسفے کے ہم نوا مگر کمیونسٹ تھے۔ جب مرے تو وصیت کی کہ ان کی میت کو ترنگے میں لپیٹ کر آخری رسومات ادا کی جائیں۔ ہفتہ وار بلٹز میں وہ 'آزاد قلم 'کالم لکھتے تھے جو ان کی حق گوئی و بے باکی کا ترجمان تھا۔ راج کپور کے لیے کئی فلمیں لکھیں جو کامیاب ثابت ہوئیں۔ 'میرا نام جوکر' نے کامیابی کا ریکارڈ قائم کیا۔ انھوں نے اپنے طور پر جو آرٹ فلمیں بنائیں وہ شاہ کار ٹھہریں۔ ان کے افسانے ناول منفرد ہوا کرتے تھے۔ وہ

انگریزی اور اردو دونوں زبانوں میں لکھتے تھے اور دونوں زبانوں پر یکساں دسترس رکھتے تھے۔ پانی پت میں موجود ان کی موروثی جائیداد کو ان کے جیتے جی کسٹوڈین نے پاکستان سے آنے والے شرنارتھیوں کو الاٹ کر دیا تھا۔ خواجہ احمد عباس نے دس سال تک مقدمہ بازی کر کے کسٹوڈین سے وہ جائیداد بالآخر حاصل کی جس کے وہ یقیناً مستحق تھے مگر چونکہ وہ سیکولر ذہنیت کے حامل ادیب بھی تھے چنانچہ انھوں نے اپنا وہ گھر انہی شرنارتھیوں کو معمولی رقم کے عوض بیچ بھی دیا۔

ڈاکٹر کمار پانی پتی نے اپنی کتاب 'عہد ساز ادبی شخصیتیں' حصہ اول میں لکھا:

"میں سوچتا ہوں کاش اس گھر میں کوئی لائبریری ہوتی یا کسی اردو ادارے کا کوئی دفتر ہوتا اور یہ اردو گھر خواجہ صاحب کے ادبی وقار کی علامت بن جاتا"

پانی پت کے ایک اور مشہور و ممتاز نظم گو شاعر بشیشر ناتھ کنول گزرے ہیں اگرچہ انھوں نے غزلیں بھی کہی ہیں مگر نظم کی وجہ سے انھیں زیادہ شہرت ملی۔

کنول قومی یک جہتی کے علم بردار بھی تھے۔ چنانچہ اپنی ایک نظم میں وہ کہتے ہیں ۔

راستہ کیا ہے وہ جس کی منزل نہ ہو
سوے منزل نہ جاؤ قدم روک لو
ہندو سکھ ہو مسلماں ہو عیسائی ہو
یوں چلو مل کے جیسے سگے بھائی ہو
میری آواز اگر سن سکو تو سنو
تم سبھی ایک ہو، ایک ہو، ایک ہو

افسوس ۱۳ فروری ۱۹۹۰ کو پانی پت کے اس بے باک شاعر کا کریا کرم کیا گیا۔ اسی سال ڈاکٹر کمار پانی پتی نے کنول کے فکر و فن کو خراج عقیدت پیش کرنے کے لیے ایک

کتاب 'جام ہاتھوں میں رہا' ترتیب دی۔

پانی پت اردو کے ساتھ ساتھ فارسی ادب کا بھی گڑھ رہا ہے۔ دینی و مذہبی اداروں میں عربی کا بھی زور تھا۔ آزادی سے پہلے پانی پت میں سات ہزار کی آبادی تھی جس میں چار ہزار مسلمان اور تین ہزار غیر مسلم تھے مگر جیسے ہی ملک تقسیم ہوا مسلمان بچتے بچاتے پاکستان ہجرت کر گئے۔

ایک زمانہ تھا پانی پت میں غیر مسلم بھی اردو کے ساتھ ساتھ فارسی میں شعر کہا کرتے تھے ۱۹۱۸ میں پیدا ہونے والے کندن لال اخگر شاہانی فارسی اور تاریخ میں ایم۔اے تھے۔ دوآبہ کالج جالندھر اور دیال سنگھ کالج کرنال میں وہ لکچرر تھے۔ وہ فتح محمد فاتح کے شاگرد تھے۔ اردو میں ان کے چھ شعری مجموعے گستاخیاں، رعنائیاں، رنگینیاں، تجلیاں، بے باکیاں اور گل باریاں شائع ہو چکے ہیں۔ ادبی مرکز نے پانی پت سے ان کا ایک مجموعہ 'گلبانگِ پارسی' بھی شائع کیا۔ اخگر شاہانی کے بعض اردو شعر تو ضرب المثل ہو کے رہ گئے ہیں اور ان کے احباب کی زبانوں پر ہیں۔ جیسے ؎

وقت کے ساتھ میں نہیں چلتا
وقت ہی میرے ساتھ چلتا ہے

کسی کے دل میں اترنا تو مجھ کو آتا ہے
کسی کے دل سے اترنا مجھے نہیں آتا

ڈاکٹر کمار پانی پتی سے ان کی مراسلت رہی۔ وہ بزم سخن کرنال کے بانی مبانی تھے۔ کسی ادبی شخصیت کی آمد پر یا مہینے دو مہینے بزم کی نشستیں ہوتی تھیں تو وہ احباب کو جمع کرتے تھے اور ان کی آمد و رفت کا خرچ برداشت کرتے تھے۔ اخگر شاہانی کے بچے کیرل میں ملازمت کرتے تھے اور وہیں Settle ہو گئے تھے۔ اخگر صاحب کرنال چھوڑ کر

کیرل بادلِ نخواستہ گئے۔ وہ چاہتے تھے کہ ان کے فارسی کلام کا مجموعہ گلبانگِ پارسی جلد چھپ جائے جس کی کتابت ہریانہ کے معروف خوش نویس رام نرائن مستانہ پانی پتی کررہے تھے۔ اخگر شاہانی نے اپنے فارسی شعری مجموعے کا پیش لفظ فارسی میں لکھا اور اس کا انتساب اپنے استاد فتح محمد صاحب فاتح ساہیوال۔ پاکستان کے نام کیا۔ ۱۹ اپریل ۱۹۸۸ کو پیش لفظ لکھنے کے چند ہی دنوں بعد ان کا انتقال ہوگیا مگر ان کے وفادار دوست ڈاکٹر کمار پانی پتی نے گلبانگِ پارسی بہت جلد ۱۹۸۹ ہی میں شائع کر کے اخگر صاحب کی آتما کی شانتی کا سامان کردیا۔

اخگر شاہانی کی پہلی غزل کا مطلع ہے:

دوش من در خواب دیدم دلبر گلفام را
بادلِ خود جفت دیدم راحت و آرام را

جملہ ایک سو غزلوں پر مشتمل گلبانگِ پارسی اخگر شاہانی کی فکری خلاقی کا مظہر ہے۔ ان میں بعض غزلیں دس اشعار پر 'بعض نو بعض سات یا پانچ اور تین غزلیں دودو اشعار پر بھی ہیں۔ ان کی چالیسویں غزل کے دو شعر ان کی فکری پرواز کے غماز ہیں۔

رامش گری کمال بکردہ زِتان سین
اِمروز تاجدار او و شنود گمبر است
شب چوں نظر بہ سوے نجوم فضا کنم
ہر اختر ایں زند کہ او تابندہ اخگر است

کتابت کی غلطیاں دور ہو جاتیں اگر یہ مجموعہ ان کی زندگی میں شائع ہو جاتا۔ حیرت کا مقام تو یہ ہے کہ پانی پت جیسے مقام پر رہتے ہوئے اخگر شاہانی نے اردو کے ساتھ ساتھ فارسی مذاق کو بھی زندہ رکھا۔

ہریانہ کے پہلے راج کوی لالہ انوپ چند آفتاب پانی پتی کی حق گوئی و بے باکی سے متعلق ڈاکٹر کمار پانی پتی نے 'عہد ساز ادبی شخصیتیں' میں لکھا کہ جوش ملیح آبادی نے جب ہندوستان میں شراب کی پابندی کے خلاف نظم کہی تھی کہ۔

انسان کے لہو کو پیو اذنِ عام ہے
انگور کی شراب کا پینا حرام ہے!

آفتاب پانی پتی نے جواباً سخت لہجے میں جوش کا رد کیا۔ اور چوٹ کی۔

کیا ان سے درس لیں گے مری قوم کے جواں
عیاشیوں میں کٹ گئیں جن کی جوانیاں

گویا 'یادوں کی برات' کی طرف اشارہ ہے۔ ویسے شراب بندی کے خلاف جوش نے لال قلعے کے مشاعرے میں پنڈت جواہر لال نہرو کی موجودگی میں وہ گستاخانہ نظم سنائی تھی تو گوپال متل نے فی البدیہہ اس کا جواب دیا تھا۔ لالہ انوپ چند آفتاب پانی پتی گاندھیائی فلسفے کے ہم نوا اور حب الوطنی سے سرشار تھے۔ ان کے کئی شعری مجموعے شائع ہو چکے ہیں جیسے:

کلام آفتاب۔ ۱۹۱۵، سیلابِ اشک۔ ۱۹۲۱، نغمۂ روح۔ ۱۹۲۱، آفتابِ وطن۔ ۱۹۳۱، زخم وطن۔ ۱۹۳۴، جذباتِ آفتاب۔ ۱۹۴۰، جوشِ وطن۔ ۱۹۴۱، جذبات کی دنیا۔ ۱۹۵۵، حبِ وطن۔ ۱۹۶۱ اور شمشیر وطن۔ ۱۹۶۶

پانی پت کی خاک سے اٹھنے والا رام ریاض ایک غیر معمولی ذہین شاعر تھا۔ چوتھی دہائی میں پیدا ہونے والا رام ریاض تقسیم ملک کے ہنگاموں میں اپنے والدین کے ساتھ ہجرت کر کے جھنگ پاکستان پہنچ گیا۔ کچھ دن ٹیچری کرنے والا رام ریاض ایم اے کر چکا تھا بھٹو کے دور میں وہ فیملی پلاننگ محکمے میں PPO کے عہدے پر فائز تھا مگر جنرل ضیاء

الحق کے دور میں وہ دیگر ملازمین کے ساتھ ملازمت سے سبک دوش کر دیا گیا۔ ظاہر ہے نس بندی کو ضیاء الحق نے غیر اسلامی قرار دے دیا ہوگا۔

رام ریاض بڑا اچھا شاعر تھا۔ اس کی مقبولیت میں اضافہ ہوتا رہا۔ ادبی حلقوں اور مشاعروں کا وہ کامیاب باغی شاعر شمار ہوتا تھا۔ اس کے چند مشہور شعر ہیں۔

تیرے اور میرے ستارے جو نہیں ملتے ہیں
تجھ میں اور مجھ میں کوئی فرق تو بنیادی ہے
میں تیری مدح تو کر سکتا ہوں لیکن اس میں
میرے فن کی ہی نہیں خلق کی بربادی ہے
اجاڑ سڑکوں پہ خاموش بہتا رہتا ہے
ہمارے خون کو عادت نہیں اُبلنے کی
ہنسی خوشی سے گزارو کہ رُت نہیں آئی
حصارِ حبس سے باہر ابھی نکلنے کی
سب اپنا لہو چاٹ کے ہو جاتے ہیں خاموش
دیتا ہے یہاں کون دہائی، مرے بھائی
دشمن تجھے کیسے نظر آنے لگے دشمن
تو نے ابھی دیکھے نہیں بھائی، مرے بھائی

رام ریاض اپنے مولد پانی پت آنے کا بڑا خواہش مند تھا مگر ۱۹۸۶ میں وہ فالج کا شکار ہو گیا اور چار سال بعد ستمبر ۱۹۹۰ میں دنیا سے منہ موڑ گیا۔

ڈاکٹر دولت رام صابر پانی پتی ایک پُر گو شاعر تھے وہ مولانا تاجور کے شاگرد تھے۔ ڈاکٹر قمر رئیس نے فرمایا تھا:

"زبان کی دروبست سے سادگی و پرکاری پیدا کرنا اور مصرعوں کو کچھ اس طرح تراشنا کہ وہ برجستہ مکالموں کا مزہ دینے لگیں، مشکل فن ہے مگر مولانا تاجور کا ایک بہترین شاگرد ہونے کا ثبوت دیتے ہوئے ڈاکٹر موصوف (دولت رام صابر) نے اس مشکل کام کو خاصا آسان بنا رکھا تھا"

ان کا شعر ہے۔

کس شان کی حامل ہے مری دشت نوردی
جو تا بھی جو پاؤں میں نہیں ہے تو نہیں ہے

اس کے دوسرے مصرعے پر باضابطہ طرحی مشاعرہ ہوا جس میں کئی ممتاز شاعروں نے طبع آزمائی کی جیسے مہندر پرتاپ چاند، ڈاکٹر رانا گنوری، ڈاکٹر جی آر کنول، اخگر پانی پتی، عرش صہبائی، شمس تبریزی، سید ضیاعلوی، مسلم طاہری، سراج پیکر، یعقوب اعظم، محترمہ ممتاز نازاں، پریم لتا اور ڈاکٹر کمار پانی پتی وغیرہ۔

ڈاکٹر کمار پانی پتی کی وجہ سے اردو ادب کے نقشے میں پانی پت کا نام زندہ و تابندہ ہے۔ ادبی مرکز کا قیام اور اس کے تحت شعر و ادب کی محفلیں برپا کرنا اور کتابوں کی اشاعت ان کا مشغلہ رہا وہ یہ ساری خدمات اردو کی محبت میں کرتے رہے ہیں۔ ان کا ایک شعری مجموعہ 'آج انسان بننے کا وعدہ کرو' ۲۰۱۴ میں منظر عام پر آیا۔ اس کا صرف رسم الخط ہندی ہے ورنہ کمار صاحب تو خالص اردو کے آدمی کہلائے جاسکتے ہیں۔

بے بسی زندگی کی آس میں ہے
کیا بتاؤں کہ کیا گلاس میں ہے
خود خزاں پوچھتی ہے رہ رہ کر
فصل گل آج کس لباس میں ہے

میرے قدموں سے لپٹنے کو ترستی منزلیں
ڈھونڈتی پھرتی ہیں مجھ کو بستی بستی منزلیں
جانے کس برحق زمانے کا پتہ دیتی رہیں
عزمِ محکم کے اشاروں پر برستی منزلیں

شہر حالی و سلیم کی ہونہار بیٹی کماری رچی ملہوترہ سونو ایم اے انگلش تھی اور اپنے والد ڈاکٹر کمار پانی پتی کی طرح بڑی خوش ذوق اور خوش سخن تھی۔ اُسے دکھ تھا تو بس یہ کہ اچھی خاصی قابلیت کے باوجود اسے کسی اچھے ادارے میں اچھی سرکاری ملازمت نہیں مل سکی وہ ایک خانگی اسکول میں معمولی تنخواہ پر ٹیچری کررہی تھی۔ اسی ناکامی نے اسے زندگی ہی سے مایوس کر دیا اور اس کا ذہنی توازن بگڑ گیا۔ ۱۲ اکتوبر ۱۹۷۵ کو پانی پت میں پہلی سانس لینے والی رچی سونو ۱۱ دسمبر ۲۰۱۳ کو آخری سانس لے کر ہمیشہ ہمیشہ کے لیے خاموش ہوگئی۔ سارا پانی پت اداس ہوگیا۔ ڈاکٹر کمار نے اپنی چہیتی بیٹی کی شعری تخلیقات کو 'آنسوؤں کے موتی' نامی کتاب میں جمع کرکے اُسے بے نام و نشاں ہونے سے بچالیا۔ رچی ملہوترہ سونو اپنے شعری رویے کے بارے میں خود لکھتی ہے۔

شعر لکھتی ہوں کاٹ دیتی ہوں
کیوں کہ دل کو وہ چھو نہیں پاتے
چاہتی ہوں کہ ان میں کچھ بھر دوں
آج کے یگ کو جو بدل ڈالے
دن رات میں پھانسی پہ لٹکتی ہی رہی ہوں
تقدیر کے جنگل میں بھٹکتی ہی رہی ہوں
دشمن تو کسی کی بھی نہیں تھی میں مگر کیوں

ہر شخص کی آنکھوں میں کھٹکتی ہی رہی ہوں

رچی سونو نے زندگی سے بھرپور رومان پرور زندگی کی عکاسی کی ہے۔

مجھے پیار سے اپنی بانہوں میں کس کر
کوئی جا رہا ہے مرے دل میں بس کر
میں تیری حقیقت سے واقف ہوں پیارے
نہ مار اتنی شیخی مرے یار بس کر
میں ناگن ہوں نس نس میں ہے زہر میری
مزہ دیکھ تو بھی مجھے آج ڈس کر

رچی ملہوترہ سونو کی جدائی پر اپنے ہمدردانہ جذبات کا اظہار کرنے والوں میں کئی قلم کار ہیں جیسے اخگر شاہانی، ڈاکٹر شباب للت، وکاس پانی پتی، پرنسپل سکھ دیو، پریم لتا سمن بجاج، آشا متل اور سب سے بڑھ کر ان کے دکھی پتاجی ڈاکٹر کمار پانی پتی USA۔

پانی پت میں علما و فضلا کی کبھی کوئی کمی نہیں رہی جنھوں نے بھید بھاؤ کے بغیر دین و اخلاق کے ذریعے انسانوں کو انسانیت اور بھائی چارگی سے زندگی گزارنے کا درس دیا۔ "یہ گلیاں ہیں مولانا حالی کی گلیاں" میں ڈاکٹر دھرم دیو سوامی نے ایسی تمام علمی و ادبی شخصیات کا اجمالی ذکر کیا ہے۔ قاضی ثناء اللہ پانی پتی ادھر تو ادھر مولانا ثناء اللہ امرتسری دو ٹکر کے علمائے کرام گزرے ہیں جن کی علمی و مذہبی فتوحات نے تہلکہ مچایا ہے۔ ثناء للہ پانی پتی کے فرزند مولوی احمد اللہ پانی پتی بھی اپنی شناخت رکھتے تھے اور نابغۂ روزگار عالم و شاعر مرزا مظہر جان جاناں دہلوی (۱۶۹۸-۱۷۸۰) کے مرید ہوگئے تھے۔ حضرت شیخ جلال الدین محمد کبیر الاولیا پانی پتی کا سلطان فیروز شاہ تغلق بھی معتقد تھا اور ان کی ملاقات کو پانی پت آیا کرتا تھا۔ شیخ جلال الدین سماع کا اہتمام کرتے تھے اور ان کا لنگر عام تھا۔ حضرت

شمس الدین ترک پانی پتی شمس الاولیا کہلاتے تھے۔ بیشتر صوفیہ کی طرح یہ بھی خاندانِ سادات سے تھے یعنی علوی تھے۔ عبد السلام پانی پتی، عبد الغفور لاری پانی پتی، مولانا عبد الرحمن جانی بھی صاحبِ تصانیف گزرے ہیں۔ فقہ و تصوف میں منفرد مقام کے حامل عبد القادر پانی پتی، شیخ الجنی کے بیٹے مولانا محمد پانی پتی تھے۔ حضرت سید غوث علی شاہ پانی تپی نے مولوی قلندر علی جلال آبادی سے حدیث، فقہ، منطق، دینیات پڑھیں۔ وہ بو علی قلندر کے مزار کے قریب رہا کرتے تھے۔ شیخ گدا پانی پتی، شیخ مودود لاری پانی پتی بھی صاحبِ حال بزرگ پانی پت کی رونق رہے۔ ان صوفیہ کے مزارات پر عوام کا ہجوم عرسوں کے مواقع پر دکھائی دیتا ہے۔ قوالیاں بھی ہوتی ہیں۔

ان کے علاوہ صاحبِ تصانیف علماء میں امان اللہ پانی پتی، قاضی ثناء اللہ عثمانی پانی پتی، عبد الرحمن پانی پتی، شیخ علی بن محمود پانی پتی، عنایت اللہ خاں راسخ پانی پتی، محمد بن محمود، محمد علی انصاری پانی پتی (مصنفِ تاریخ مظفری) ہیں۔ نظام پانی پتی نے سنسکرت کے آثار 'جوگ وششٹ' کا فارسی میں ترجمہ کیا اور بادشاہِ وقت جہانگیر کو پیش کیا تھا۔

سعد اللہ مسیحاے پانی پتی نے رامائن کا فارسی میں منظوم ترجمہ کیا تھا۔ شاہ اللہ پانی پتی نے 'سیر ا الاقطاب' لکھی۔ شرف الدین بو علی قلندر پانی پتی نے بھی ایک مثنوی اور کلیات یادگار چھوڑیں۔ شاہ جہاں کے دور کے شاعر ملا ظاہری پانی پتی نے فارسی شاعری میں اپنا لوہا منوایا۔

قاضی عبد الرحمن تحسین پانی پتی خواجہ الطاف حسین حالی کے گہرے دوستوں میں تھے اور غالب کے شاگرد تھے۔ اردو کی بہ نسبت فارسی میں شعر کہتے تھے ۱۸۷۷ میں انتقال کیا۔ پانی پت کے مشہور رسالہ حیاتِ نو میں ان کی ایک فارسی غزل سرنامے کے طور پر شائع کی گئی ہے۔ یہ رسالہ حالی مسلم ہائی اسکول پانی پت سے شیخ محمد بدر الاسلام فضلی

کی ادارت میں نکلتا تھا۔ قادر پانی پتی اور میر قاسم پانی پتی فارسی میں شعر کہا کرتے تھے۔

قلندر بخش ترابی پانی پتی اور قلندر بخش زیرک پانی پتی دونوں فارسی میں شعر کہتے تھے۔ ترابی کا انتقال ستر برس کی عمر میں ہوا اور عظیم آباد میں مدفون ہیں۔ زیرک کی تعلیم و تربیت شاہ جہاں آباد اور لکھنؤ میں ہوئی۔ ان کے بارے میں آیا ہے کہ ان کا دماغ آسمان پر رہتا ہے یعنی وہ کسی کو خاطر میں نہیں لاتے تھے۔

(بحوالہ ڈاکٹر دھرم دیو سوامی۔ 'یہ گلیاں ہیں مولانا حالی کی گلیاں' ادبی مرکز پانی پت ۱۹۹۲)

مختصر یہ کہ پانی پت شروع ہی سے علم و ادب کا گہوارہ رہا ہے۔ مشاہیر کے کارنامے قصہء پارینہ ہو کر رہ گئے ہیں اور موجودہ صورتِ حال دیکھ کر دل بھر آتا ہے۔

(۵) البیئر کامیو

زبیر رضوی

اَلبیئر کامیو کی ۴۷ سال کی عمر میں فرانس میں ہوئے ایک کار حادثے میں موت واقع ہو گئی تھی، طاعون The Plague، میں جب حوصلہ مند نوجوان وبا میں مرنے لگتے ہیں تو ایک بوڑھا کردار کہتا ہے۔

"جو اچھے ہوتے ہیں وہی چلے جاتے ہیں، زندگی کے سلسلے ایسے ہی ہیں۔"

طاعون میں بوڑھے کردار کا کہا یہ جملہ کامیو کی جواں عمری کی موت پر بے حد صادق آتا ہے۔ یہ اُس بے معنی زندگی کے ڈرامے کی آواز بازگشت بھی ہے جس کی گرہ کشائیوں میں کامیو کا قلم زندگی بھر مصروف رہا۔ ادھر ساری دنیا میں کامیو کی تیسویں برسی منائی گئی، فرانسیسی کلچر سینٹرس کی طرف سے فرانس، اٹلی اور امریکہ کے ساتھ ساتھ ہندوستان کو بھی کامیو کے فن اور شخصیت پر سیمینار کے لیے منتخب کرنا، اس بات کا اعتراف تھا کہ ہندوستانی تخلیقی ذہانتوں نے کامیو کے ورک میں غیر معمولی دلچسپی لی ہے اور وہ دوسروں کے مقابلے میں کامیو کو خود سے زیادہ قریب محسوس کرتے ہیں۔ اسی دوران کامیو کے ڈرامے The Just کو بمبئی میں اسٹیج کیا گیا۔ اس کی کتابوں میں دی پلیگ، دی آوٹ سائیڈر اور دی فال کے تامل، اڑیہ، ملیالم، بنگالی، کنڑّا میں ترجمے ہو چکے ہیں، ہندی میں تو کامیو کا سارا ہی ورک ترجمے کی شکل میں منتقل ہو چکا ہے۔ اردو میں بھی کامیو کے ورک کو قارئین سے متعارف کرایا جا چکا ہے۔ اس زُمرے میں کامیو پر ناصر بغدادی، جمیل جالبی

اور فاخر حسین کے مضامین خصوصی ذکر کے مستحق ہیں۔

ہندوستانی ادب میں کامیو کے نام اور اُس کے تخلیقی دھماکوں کی آواز سن ساٹھ کی دہائی میں سنائی دینی شروع ہوئی تھی جب اُس کے ناول جلاوطن Exile کو نوبیل انعام ملا تھا۔ کامیو کے افکار سے ہندوستانی ذہنوں کی قربت کی وجہ قدرت اور اُس کے مظاہر، سمندر، سورج سے اس کا والہانہ اظہارِ عشق اور انسانی معاشرے میں فرد اور اس کے وقار اور حیثیت پر مسلسل اصرار تھا۔ کامیو کی تصانیف میں انسانی زندگی غربت اور تنگ دستی کی بے رحمیوں سے دوچار ہوتی رہی تھی، پہلی جنگ عظیم میں باپ کے مارے جانے کے وقت کامیو کی عمر ایک سال تھی اس کی ماں کو اپنے معصوم بچوں کی پرورش کرنے کے لیے بھٹیوں میں کوئلہ جھونکنے کا کام کرنا پڑا تھا۔ صبح وشام محنت کش طبقے کو گھر کے چولہے میں آگ روشن کرنے کے لیے کیا کیا جتن کرنے پڑتے ہیں۔ غریبی اور تنگ دستی کیسے کڑوے اور کسیلے ذائقے زبانوں پر چھوڑ جاتی ہے۔ اس کا حقیقی احساس اور تجربہ کامیو کو حاصل تھا۔ اس نے لکھا تھا" اگر مجھے ماں اور انصاف کے درمیان انتخاب کرنا پڑے تو ماں کی طرف داری کروں گا" اس کے اکثر کردار خاص طور سے 'کیلی گیسولا' اپنی اہمیت جتانے کی سعیٔ کرتا ہے اور اس کے ساتھ وہ دیگر کردار بھی ہیں جو کامیو کی مانند اس لیے انکسار کے مارے ہوئے ہیں کہ یہ مفلس بچوں کا نفسیاتی ورثہ ہے۔ ۱۷ برس کی عمر میں دِق جیسی بیماری اُسے لاحق ہوگئی تھی، اُس کی عمر کا یہ وہ حصہ تھا جب وہ فٹ بال اور تیراکی میں غیر معمولی دلچسپی لے رہا تھا اس بیماری کا جان لیوا احساس خوشگوار موت Happy Death میں بہت واضح ہے، کامیو کا ممتاز کردار Meursault اپنی نازک ترین حالت کے باوجود پُروقار انداز میں موت کو لبیک کہتا ہے، کامیو کی زندگی اور اس کی طرز فکر میں بڑی ہم آہنگی ہے۔ اس کی سب ہی تصانیف میں اس کی وہ زبردست خواہش کار فرما ہے جو

ایک نئے معاشی نظام کی تعمیر و تشکیل سے تعلق رکھتی ہے، کامیو کی تحریروں میں باغیانہ رویے اور رجحانات کے عناصر بھی بڑے حاوی ہیں بقول ہربرٹ ریڈ:

"یہ بغاوت وہ نہیں جو غلام کی آقا کے خلاف یا غریب کی امیر کے خلاف ہوتی ہے یہ بغاوت مابعد الطبیعی بغاوت ہے جو زندگی کے حالات اور خود اپنے وجود کے خلاف انسان کے باغی رویے سے تعلق رکھتی ہے۔"

کامیو کے ابتدائی مضامین میں جیسے نہ ادھر نہ ادھر Bet Wixt and between سے اس کے آخری دنوں کی تحریروں تک 'زندگی کے جشن' محنت کش طبقے کی محرومیاں اور شدید نوعیت کا اکیلا پن جیسے موضوعات جاری اور ساری رہتے ہیں لیکن قنوطیت کے اس احساس کے باوجود کامیو کی تحریروں میں انسانی وقار کو کہیں مٹ میلا ہونے نہیں دیا گیا۔ مثال کے طور پر الجیریا کے شہر اوران میں ۱۹۴۰ میں پھوٹ پڑنے والے طاعون میں جب کثیر تعداد میں بھیانک طور پر لوگ مرنے لگتے ہیں تو کامیو کی دی پلیگ The Plague کا ایک کردار کہتا ہے۔

"جب موت ہی اس کائنات کی صورت گری میں ایک غالب عنصر کی طرح حاوی ہے کیا یہ بہتر نہ ہوگا کہ ہم خدا میں یقین سے انکار کردیں اور آسمان میں بیٹھے تماشا دیکھنے والے گونگے خدا کی طرف اپنی آنکھ اٹھائے بغیر، پوری قوت کے ساتھ موت کے خلاف جدوجہد میں لگے رہیں۔"

دی پلیگ ہی میں رمبرٹ صحافی والے کردار کے ذریعے کامیو نے اپنے اس کرب کو بھی ظاہر کرنے کا جتن کیا ہے جو جنگ کے دوران اس کی بیوی Francine Faure سے زبردستی ہونے والی علاحدگی سے تعلق رکھتا تھا۔ اسی دوران مزاحمتی رجحان کے حامل اخبار Combat کے ایڈیٹر کے طور پر کام کرتے ہوئے کامیو نے اپنا مشہور ناول اجنبی

The Outsider لکھا تھا۔ اس کے بعد The myth of sisyphus پھر باغی The Rebal اور سوانحی ناول زوال The Fall لکھا تھا۔ جلاوطن The Exile ، کامیو کا وہ ناول ہے جس میں زندگی کے تضادات کے ساتھ فرد کی مفاہمت کا رویہ اپنے نقطۂ عروج پر ہے۔" ہمارے پاس اپنے ساتھ رہنے کا وقت نہیں ہے ہمارے پاس صرف خوش رہنے کے لیے وقت ہے" خوشگوار موت A Happy Death میں کامیو کی یہ آواز جنگ کے بعد والے یورپ کو متاثر کرنے والی ایک بے حد بااثر آواز کے طور پر اُبھری تھی، کامیو نے ایک ایسی زندگی بسر کرنے کو ترجیح دی جو ان اقدار کی حامل تھی جو کامیو کو عزیز تھیں۔ شہرت اور زندگی کی آسائشوں کی حصول سے قطع نظر، کامیوں کو الجیریا کے ریت کے ساحل، سمندر اور سورج بے حد عزیز تھے، اس کی تحریروں میں صنعتی نظام کی بدصورتی اورمادہ پرستی کے رجحان سے شدید نفرت کا احساس بڑا طاقت ور ہے۔ کامیو نے اپنے فلسفیانہ نظریات میں انسانی زندگی کے 'لغو' Absurd ہونے کو کلید بنایا اس کی زیادہ تر ادب پاروں میں تین بنیادی اشارے ہیں۔ خاموش ماں، افریقہ کی سرزمین اور خاک وموت- متھ آف دی سسی فس کا بنیادی موضوع جرمنی اور فرانس کے فلسفے کا یہ بنیادی موضوع ہے کہ انسان کے احساسات، ادراک اور اس کی زندگی معنی کیا ہیں ان مسائل پر کامیو کی فکر ان کے فلسفے 'لغو' کی تشکیل کرتی ہے۔

مافوق الفطرت پر غیر یقینی اور بے اعتمادی کی مزید تشریح کامیو The Rebel (باغی ۱۹۵۱) میں کرتے ہیں اس میں وہ انسانی تاریخ کی طے شدہ راہوں میں غیر یقینی اور بے اعتمادی ظاہر کرتے لغویت کے نظریے کا اثباتی مفہوم مرتب کرتے ہیں جس کے بغیر بے یقینی کے عالم میں انسان کے لیے اس کے سوا کوئی چارہ نہیں رہ جاتا کہ وہ یا تو خود کشی کرلے ورنہ اپنے گردوپیش کی دنیا کی تمام تر خامیوں اور ناانصافیوں کو بے زبان

اور کسی قسم کا مزاحمانہ رد عمل ظاہر کیے بغیر سب کچھ قبول کرتا رہے The Rebel پر کامیو اور سارتر کے درمیان جو بحث ہوئی وہ ادبی تناظر میں بھی تھی اور سیاسی نظریات کے حوالے سے بھی دونوں کے درمیان اختلاف رائے اس قدر بڑھا جو بالآخر دوستانہ مراسم کو بول چال کے بند ہونے تک لے آیا کامیو کا کہنا یہ تھا کہ The Rebel سیاسی انقلابات اور ان کے نظریات کے تجزیے کا حامل ہے انقلاب اور اس سے وابستہ سرگرمی میں انسان کا حصہ دار بننا انصاف کی لڑائی میں تاریخی اعتبار سے اپنے سماجی فریضے کی انجام دہی ہے اور ایسے انقلابات کو عملی شکل دینے کے مرحلوں میں قتل و غارت جائز عمل ہے کامیو کے ساتھ سارتر کی بحث کا آغاز ان کی ادارت میں نکلنے والے رسالے 'لے تان مودیرن' سے ہوا تھا سارتر کا موقف یہ تھا کہ انسان انقلاب میں حصہ لیتے وقت اپنی خود پرستی ترک کر کے نظریے اور تاریخی شعور کی بنا پر حصہ لیتا ہے 'تجرید' شرکت انقلاب میں بے معنی ہے سارتر اور کامیو کے درمیان مباحثہ دو مختلف فلسفیانہ دعوؤں پر قائم رہا اور اسی اعتبار سے اپنے وقت کے یہ دونوں سربر آوردہ ادیب اپنے مقصد اور اس کے حصول میں اپنی عملی سرگرمیوں کے جواز سے بحث کرتے ہوئے 'معتبر' ہونے کی بحث کرتے رہے تھے۔ کامیو کی داخلی اقدار کی بتدریج نشان دہی ان کے ناول دی آؤٹ سائیڈر، دی پلیگ اور دی فال میں ملتی ہے (Exile and the Kingdom ۱۹۵۷) چھ مختصر کہانیوں کی فکر اور ان کا اسلوب 'دی فال' سے مماثل ہے اور اس کا سرد طنز پڑھنے والوں کو مجروح کرتا ہے کامیو کا ڈرامہ 'کیلی گیولا' ایک ظالم رومن بادشاہ کی کہانی کو اپنے عصر سے مربوط کرنے کا ایک کامیاب تخلیقی اظہار ہے کامیو کا یہ ڈرامہ NSD کے ڈرامہ فیسٹول میں ایک پیش کش کے طور پر مقبول رہا ہے۔

"ایک ادیب بڑی حد تک اس خیال کے تحت لکھتا ہے کہ اسے پڑھا جائے جو لوگ

اس اعتراف سے منکر ہیں ہمیں ان کی تعریف کر دینی چاہیے مگر ان کے اس مفروضے پر یقین نہیں کرنا چاہیے۔" ایسا لکھتے ہوئے غالباً کامیو کو یہ احساس تھا کہ آنے والی دہائیوں میں اسے نہ صرف دلچسپی اور انہماک سے پڑھا جائے گا اسے بشری وجودیت کے نظریے کا امام اور پیغمبرِ جدید مانا جائے گا۔

نئی دلّی میں سہ روزہ ہندوستان، فرانس سیمینار میں جو کامیو کی انکاریت اورانسان دوستی کے موضوع پر منعقد ہوا تھا۔ اس میں کامیو کے فلسفہ زندگی پر بحث کرتے ہوئے ویدانت، اُپنیشد، گیتا اور کرشن کے ذکر کے ساتھ ساتھ کامیو کے کرداروںCaligula، Meursault اور Reux بھی زیر بحث آئے، ہندوستان کے آواں گارد ادب میں کامیو کے مثالی ناول اجنبی کی گونج بھی پورے سیمینار میں بار بار سنائی دی۔ ڈاکٹر پر بھاکر ماچوے کے خیال میں کامیو کی تمام تحریروں میں اپنے اُس عہد کو سمجھنے کی بھرپور کوشش ہے جس میں وہ جیتا رہا، یہ وہ زمانہ تھا جب پچاس برسوں میں سات کروڑ سے زیادہ انسان اجاڑے گئے، مارے گئے، یا محکوم بنادیے گئے، کامیو کے یہاں انکاریت کی تکرار کے باوجود اس کے لہجے پر قنوطیت کا غلبہ نہیں ہے ڈاکٹر پر بھاکر ماچوے نے ہندوستانی طرزِ فکر میں پائے جانے والے شنیہ واد اور کامیو کے وجودی فلسفے کا موازنہ بھی کیا انھوں نے کہا کہ انسانی وجود کی بے معنویت کا احساس تو اقبال کے یہاں بھی ہے۔

تیرے آزاد بندوں کی نہ یہ دنیا نہ وہ دنیا
یہاں مرنے کی پابندی وہاں جینے کی پابندی

ڈاکٹر پر بھاکر ماچوے نے ہندوستانی آواں گارد ادب پر کامیو کے اثرات کی نشاندہی کرتے ہوئے ہرونش رائے بچن کی نظموں کا حوالہ دیا، کامیو کے یہاں پائے جانے والے بے گانگی کے احساس کو، بنگالی میں مانک بنرجی، سماریش باسو کے ناولوں کے کرداروں،

مراٹھی میں مرڈیکر، نیمادے ، ہندی میں جنیندر کمار، اگیئے، دیوراج اور ملیالم میں اُو۔وی۔وجیتن کی تحریروں میں تلاش کیا۔انھوں نے مختلف کتابوں کے ایسے ناموں کی بھی نشان دہی کی جو کامیو کے تتبع کی واضح مثال ہیں مثلاً 'میں'(مراٹھی) گھن پوکا(بنگالی) اوایہہ جیونا(پنجابی) اُداس نسلیں (اردو) اور خود پر بھاکر ماچوے کا ناول (لاپتہ) شامل ہیں۔

عصری ہندوستانی ادب کا ذکر کرتے ہوئے ڈاکٹر کے چیلپسن نے کامیو کے Caliguala اور گریش کرناڈ کے تغلق میں تخلیقی مماثلات کا ذکر کرتے ہوئے کہا کہ کرناڈ نے خود بھی اس کا اعتراف کیا ہے ڈاکٹر چیلپسن کا خیال تھا کہ کرناڈ کا تغلق ایک وجودی ہیرو ہے جو کامیو کے "نفسیاتی خودکشی" والے نظریے کی توضیح ہے اور اس خیال کا حامی ہے کہ جینے کے لیے زندگی ایک وجودی کے لیے بہت کچھ ہے یہی تصور Caligula کا بھی ہے۔ان کے خیال میں آنند مورتی کا ناول سمسکرا Samskara بنیادی طور پر کامیو کے طاعون اور اجنبی کی ہی آواز بازگشت ہے۔ ملک راج آنند کے اچھوت اور قلی میں بھی منکرانہ فکر اور سماجی ناانصافی کی بنا پر فرد کے یہاں بے گانگی کا احساس ملتا ہے۔ارون جوشی کے غیر ملکی The Foreigner میں Sindy کا کردار کامیو کے کردار Meursault کے قبیلے سے تعلق رکھتا ہے وہ بڑے اُداس لہجے میں کہتا ہے۔

"میں بستر پر پڑے سوچتا ہوں کیا میں اس زندگی کا حصہ ہوں جو میرے مکان کی کھڑکی کے نیچے شور کر رہی ہے۔ شاید میں ایسا اس لیے محسوس کر رہا ہوں کہ میں امریکہ میں ایک پردیسی ہوں۔ لیکن اگر میں کینیا یا ہندوستان میں بھی ہوتا تب بھی کیا فرق پڑنے والا تھا کیونکہ میں وہاں بھی خود کو پردیسی ہی محسوس کرتا۔ یہ پردیسی پن میرے اندر رہے اور میں اپنے آپ کو پیچھے نہیں چھوڑ سکتا۔"

ہندوستانی ادیب مراٹھی کے کہانی کار ولاس سارنگ کا خیال ہے کہ جیمز جوائس اور ورجینا وولف اور ڈی ایچ لارنس کی کوئی تصنیف کامیو کے 'اجنبی' کی طرح اُن کے جیسے قاری کو متاثر کرنے کی خوبی نہیں رکھتی کیونکہ انگریزی ادب پڑھنا تو دراصل تاریخی حالات کا تقاضا تھا لیکن کامیو یا دوسرے ادیبوں کے ساتھ ساتھ ہماری ذہنی رفاقت روحانی قربتوں اور فکر کی یگانگت کے احساس کی دین ہے اس سلسلے میں اگر سارتر کے ناول Nausea کی بات کریں تو ہمیں محسوس ہو گا کہ اجنبی میں فلسفہ لادا ہوا نہیں لگتا یہی وجہ ہے کہ سارتر کو ایک پیشہ ور فلسفی کی قیمت ادا کرنی پڑی جبکہ کامیو کو تخلیقی اور فنی سطح پر زیادہ کامیابی حاصل ہوئی ہے اجنبی میں کامیو کی فلاسفی، فن پارے کا ایک اٹوٹ حصہ بن کر سامنے آتی ہے اور قاری میں اس کی فلاسفی اور تصنیف کو زیادہ گہرائی تک سمجھنے کا از خود احساس پیدا ہوتا ہے موازنے اور تقابل کی اس زو میں ہمنگوے کے ناول 'بوڑھا آدمی اور سمندر' کا غیر معمولی پن اور اس میں کار فرما روحانی اور متانت ہے کامیو کا ممتاز کردار Meursault بھی ہمنگوے کے ہیروز سے کئی طرح مطابقت رکھتا ہے یہ بظاہر بے وقوف ہے خاموش ہے لیکن فطرتاً درد مند ہے Meursault کو ایک ایسے قتل کے جرم میں موت کی سزا دی جاتی ہے جو حادثاتی اور غیر ارادی طور پر واقع ہوا تھا اس کردار میں ایک ایسی انفعالیت اور سپردگی ہے جو احتجاج سے عاری ہے اس اعتبار سے 'اجنبی' کا ہیرو بڑی حد تک غیر یورپی اور غیر مغربی ہے آپ کہہ سکتے ہیں کہ کامیو اور کافکا میں مشرقیت کے عناصر نمایاں ہیں اس کی وجہ الجیریا میں اس کی پیدائش اور عرب تہذیب سے اس کا مانوس ہونا ہے اس کے دونوں ناول 'طاعون' اور 'زوال' واضح طور پر احتجاجی لہجے Protest کے حامل ناول ہیں اس زاویے سے دیکھیں تو وہ بالآخر مغربی Ethos سے خود کو ہم آہنگ کر لیتا ہے۔

کامیو کی ۴ جنوری ۱۹۶۰ میں ایک کار حادثے میں جب موت ہوئی تو اس سے تین سال قبل اسے The Outsider پر ۱۹۵۷ میں ادب کا نوبیل انعام مل چکا تھا اس کے بعد وہ بڑا خاموش ہو گیا تھا اس کی وجہ پچاس کی دہائی میں الجیریا کی جنگ آزادی جاری تھی اس جنگ نے کامیو کو ایک عجیب مخمصے میں ڈال دیا تھا اس دور کے اکثر ادیبوں اور دانش وروں کی طرح کامیو بھی حکومت فرانس کی الجیریا پالیسی کے خلاف تھا اس نے عرب دنیا کو بھی اور یورپ کو بھی الجیریا کی آزادی اور خود مختاری کے مطالبے کی سرگرم حمایت کرنے کی تحریک دی تھی کامیو فرانس کی کمیونسٹ پارٹی کا سیاسی محاذ پر ہمنوا تھا مگر جب روس پر تنقید کرنے سے دانش وروں کو نرمی برتنے کا اشارہ دیا گیا تو کامیو نے سویت روس میں Gulag کو آمریت اور جبر کے طور پر مسترد کر دیا پچاس کی اسی دہائی میں آندرے ژید، ژاں پال سارترے، مالرو، جیولیس رومین، روجر مارٹن دی گارد اور خود البیر کامیو اپنی تحریروں سے فکر و فلسفے کی دنیا کو متاثر کر رہے تھے لیکن ساٹھ کی دہائی میں یہ صورت حال بدل گئی اور اینٹی ہیونٹ تحریک زور پکڑنے لگی جو تاریخ، عمرانیات، لسانیات کے موضوعات کو تخلیقی ادب کا نعم البدل بنا رہی تھی اب بورخیس، فاکو Foucault، Leve Straiss، جیسے نئے علم برداروں کے سامنے کامیو کا ادبی شہرہ ماند پڑ گیا تھا فرانس کا دانشورانہ طبقہ اس صورت حال کا سامنا کر رہا تھا کہ اسی عرصے میں کار کے حادثے میں مٹی دھول میں اَٹا کامیو کے جس ناول کا ادھورا مسودہ ملا تھا اس کی بیوی Francine کے انتقال کے بعد اس کی بیٹی کیتھرین نے ۱۴۴ صفحات کے اسی ہزار الفاظ پر مشتمل اس نامکمل مسودے کی نوک پلک درست کر کے ماں کی خواہش کو نظر انداز کر کے اُسے Le Premier Homane 'پہلا آدمی' کے نام سے شائع کیا تو وہ شائع ہوتے ہی ادبی دنیا میں گفتگو کا موضوع بن گیا اس کے سات ایڈیشن نکلے اور دو لاکھ سے زائد کاپیاں فروخت

ہوئیں۔

کامیو کی زندگی میں شائع ہونے والی تحریروں کے برخلاف اس مسودے میں کامیو نے زندگی کے تہہ دار فلسفے سے کام کم لیا ہے اس کے ابتدائی حصے کا ہیرو Jacques Cornery فلسفے سے زیادہ زندگی کے سامنے نظر آنے والی سچائیوں کا داعی ہے اس نئ اور آخری تحریر نے کامیو کی فرانس میں مدھم پڑتی ہوئی مقبولیت کو پھر سے زندگی دے دی تھی۔ کامیو نے عرب قوم پرستوں کو جس کلچر کی یاد دلائی تھی وہ الجیریا کے یورپی باشندوں کا وہ کلچر تھا جو فرانس کے کلچر سے مختلف ہے اور ایک ایسا قیمتی اثاثہ ہے جسے برباد نہیں کیا جانا چاہیے الجیریا کا یہی وہ تہذیبی امتیاز اور امتزاج تھا جو کامیو کے مذکورہ آخری ناول کا موضوع تھا۔

ناول پڑھتے ہوئے جو بات سامنے آتی ہے وہ اضطراب اور ایک طرح کی جھلاہٹ کا احساس دلاتی ہے الجیریا کے یورپی پاشندے کی حیثیت سے کامیو خود پیرس میں 'پردیسی' تھا اسی لیے اُس کے اندر دو شخصیتیں ایک دوسرے سے متصادم تھیں اس کے ادبی معاصرین اور دانش وروں نے صرف ایک 'شخصیت' کو جاننے اور پسند کرنے پر اصرار کیا جبکہ کامیو نے دوسری شخصیت کو سامنے لانے اور اس کا نقطہ نظر بیان کرنے کی کوشش کی جسے کم سراہا گیا کامیو کے لکھے ادب میں دلچسپی لینے والوں کا خیال تھا کہ ہماری دنیاؤں کے درمیان یہی وہ دوری اور فاصلہ تھا جو کامیو کے ذہنی اضطراب کا باعث تھا کامیو اپنے عہد کے تناظر میں علامتوں اوران کے تنوع کے ساتھ انسانی زندگی کی لایعنیت کو اور اس کے پس منظر میں انسان اور اس کی زندگی کے وسیع تر مسائل کا تجزیہ پیش کرتا ہے کامیو کے خیال میں ایک لایعنی انسان وہ ہے جو تن بہ تقدیر خود کو حالات کے سپرد کر دیتا ہے اور بغاوت کے عمل سے گزرنے کی لاحاصل کوشش کرتا ہے کامیو اپنے اس نقطہ نظر کو

دیومالائی قصوں کے حوالے سے بھی لایعنی انسان کی تشکیک اور بے یقینی کو اپنی تحریروں میں نمایاں کرتا ہے 'متھ آف سی فس' اس کی مثال ہے کامیو کے نزدیک ایک لایعنی انسان 'سی فس' سے مختلف نہیں جسے دیوتاؤں کے دیوتا زیوس (ZEUS) نے تا اَبد ایک چٹان نما پتھر، پہاڑ کی چوٹی پر لے جانے اور اسے وہاں سے لڑکانے کی سخت سزا دی تھی۔ اس دور کا انسان کچھ بھی ایسی ہی سزائیں کاٹ رہا ہے 'سی فس' نے اپنی فولادی ارادے اور قوت کے ساتھ دیوتا کی دی ہوئی سزا کو ایک فتح کے احساس کے ساتھ خود کو سربلند کرلیا تھا The Rebel 'باغی' میں یہ اعلان کہ "میں باغی ہوں اس لیے زندہ ہوں" اپنے تاریخی پس منظر میں بلند ترین انسانی اقدار کی نیو رکھنے والا تو ہے ہی ان کی بازیافت بھی ہے۔

کامیو کا امتیاز یہ ہے کہ اس نے فکشن بھی لکھا، ڈرامے بھی، خطوط بھی اور مضامین بھی۔ اپنی اِن تحریروں کے ذریعے اُس نے ایک نئی سوچ، فکر اور فلسفۂ حیات کی بنا ڈالی جسے دنیا کے دانشور حلقوں نے بڑی آمادگی سے قبول کیا اور یورپ میں نوآبادیات کے خاتمے کے بعد کے دنوں میں صاحبِ اقتدار طبقے کے خلاف ادیبوں نے مزاحمت کا ایک موثر ہتھیار بھی مانا، کامیو کی سوچ میں ایک عالمی کشش اور اپیل تھی اُس کا لکھا ادب 'بیسٹ نسل' کا آدرش تھا، اُس نے فرسودہ خیالی کی مذمت کی جس طرح اسپین کی سول وار کے زمانے میں جارج آرویل اور آندریو Gide نے سول وار کی حمایت کی اسی طرح کامیو نے بھی فرانس پر دوسری عالمی جنگ کے دوران نازی قبضے کے خلاف فرانس میں روپوش ہوکر اس کی مزاحمت کی تھی اور ہیروشیما پر بم گرانے پر زور دار احتجاج کیا تھا، اپنے معاصر ادیبوں کے برعکس کامیو ہر اُس محاذ اور ہر اُس تحریک کے ہم قدم رہا جو جنگ، نوآبادیات اور جبر کے خلاف صف آرا تھا اُس نے اُس وقت یونیسکو سے اپنی وابستگی ۱۹۵۰ میں ختم کرلی تھی جب اِس عالمی تنظیم نے جنزل فرنیکو کے اسپین کو اپنی رکنیت دی تھی

کامیو کی پچیس تیس سال کی سرگرم زندگی پر نظر ڈالی جائے تو یہ احساس برابر ہوتا رہے گا کہ وہ ایک جیالا باغی تھا، جب وہ ۲۳ سال کا تھا تو اُس پر تپ دق کا پہلا حملہ ہوا تھا، اس نے ۱۹۳۵ میں فرانس کی کمیونسٹ پارٹی سے وابستگی اختیار کی لیکن ۱۹۳۷ میں وہ Trotskyite ہونے اور باغیانہ آواز اٹھانے پر پارٹی سے الگ کر دیا گیا تھا۔ ۱۹۴۸ میں کامیو نے فرانس کی انارکسٹ تحریک سے تعلق قائم کیا اور ہر طرح کے جبر اور ظلم کے خلاف مذمتی اور مزاحمتی رویہ اپنایا گو کامیو اپنے سیاسی مسلک میں بائیں بازو کے خیالات کا حامل تھا لیکن اُس نے مشرقی جرمنی میں ۱۹۳۵ اور ہنگری میں ۱۹۵۶ میں سوویت یونین کے جبر اور دباؤ کی کھل کر مزاحمت کی تھی جبکہ بائیں بازو کے زیادہ تر دانشوروں نے اس سلسلے میں مصلحتاً خاموشی اختیار کرلی تھی۔ کامیو کی شخصیت کا یہ پہلو بھی مرکزِ نگاہ بنتا رہا تھا کہ اپنے زمانے کے ہر اہم مرد اور عورت سے اس کی شناسائی تھی جس میں سارتر بھی شامل تھا۔

کامیو کی غیر معمولی تحریر The Myth of Sisyphus میں اُس کی سوچ یہ ہے کہ انسانی زندگی میں اُمید کے مکمل فقدان کا مایوسی کے احساس سے کوئی تعلق نہیں ہوتا اور یہ بھی کہ It must not be confused with renouncement and a conscious dissatisfaction اگر کامیو کے مِتھ آف سی سی فس کے کردار کالی گولا (Caligula) اور The Outsider کے Meursault کا مختلف پہلوؤں سے تجزیہ کیا جائے تو یہ ماننا ہوگا کہ وہ کامیو کے مطابق اینٹی ہیروز ہیں اور دونوں کے یہاں منکر ہونے کی قوی سوچ کے ساتھ نجات کی خواہش بھی سر اٹھاتی رہتی ہے، اپنے تخلیقی رویوں کے ساتھ کامیو آرتھر Koestler کا ہمنوا تھا اور چاہتا تھا کہ پھانسی کی سزا ختم کردی جائے۔ کامیو کی خوبی یہ تھی کہ وہ جو کچھ لکھتا تھا اس کو اپنے عمل کا حصہ بھی بناتا تھا، اُس

نے اِس کرۂ ارض پر جنگ کی صورت انسانی زندگی اور اس کی ہلاکتوں کا خون خرابہ دیکھا تھا اسی لیے وہ دنیا میں خوف اور جنگ کے مناظر کے سخت خلاف تھا، وہ دنیا کو بدلنا چاہتا تھا لیکن وہ نظریہ پرستی کے حق میں نہیں تھا۔ کامیو نے اپنی تحریروں میں جس عینی نفس کی شبیہ سازی کی تھی وہ بھلے ہی اس کی معاصر دنیا کے لیے outsider بنا رہا ہو لیکن وہ اپنے شخصی ضمیر کی سچائیوں کے ساتھ کمیٹڈ رہا تھا۔ کامیو نے اپنی مخصوص فکری سوچ کی تشریح کرتے ہوئے لکھا تھا:

"I would rather live my life as if there is a God and die to find out there isn't, and than live my life as if there isn's and die to find that there is"

(٦) جوزف کانراڈ: مہم جو، سامراج شکن ناول نگار

احمد سہیل

میرا جوزف کانراڈ سے تعلق اور تعارف عجیب انداز سے ہوا۔ وہ اس طرح کہ غالبا ١٩٦٥ میں کراچی کی بیمینو سینما میں ہدایت کار رچرڈ برک کی فلم 'لارڈ جم' دیکھی اور والد صاحب نے بتایا کہ یہ فلم ایک انگریزی ناول پر مبنی ہے۔ اس وقت کراچی میں اس فلم میں طوفان میں گھرے ہوئے بحری جہاز کے عرشے پر باجماعت نماز کا منظر بہت مشہور ہوا تھا جس میں پیٹر وٹول نے معرکے کی اداکاری کی تھی۔ کچھ دنوں بعد ہم اس فلم کو بھول گئے۔ ستر (٧٠) کی دہائی میں جب ہماری دلچسپیاں ادبی نظریات کے مطالعوں میں بڑھیں تو ایک دن پڑھتے پڑھتے یہ معلوم ہوا کہ مشہور فلسطینی نژاد امریکی دانشور، ادیب اور نقار ایڈورڈ سعید نے ڈاکٹریٹ کا مقالہ 'جوزف کانراڈ اور فکشن کی سوانح عمری' پر لکھا ہے۔ بس پھر کیا تھا۔ جوزف کانراڈ کے جتنے بھی ناول میسر آئے پڑھ ڈالے۔ ایڈورڈ سعید کو کانراڈ کا سامراج شکن نظریہ پسند تھا۔

جوزف کانراڈ پولستانی نژاد انگلستانی ناول نگار اور کہانی کار ہیں۔ ان کو انیسویں صدی اور بیسویں صدی کا اہم فکشن نگار تسلیم کیا جاتا ہے۔ وہ ٣/ دسمبر ١٨٥٧ میں پیدا ہوئے اور ان کا انتقال ٣، اگست ١٩٢٤ کو ہوا۔ ان کا نام رومانیت پسند پولش ناول نگار ہنرک سینکوچ، لیو ٹالسٹائی اور دوستفسکی کے بعد لیا جاتا ہے۔ ان کی تحریروں میں بیسویں صدی کی فنکارانہ حسیت اور جمالیات تو ہے جو حقیقت پسند 'جدیدیت' سے قریب ہے۔

جوزف کانراڈ بر ڈیچیو کے قصبے 'کریں' میں پیدا ہوئے۔ نجیب الطرفین زمیندار کنبے سے تعلق تھا۔ ان کے والد محب وطن شاعر تھے۔ انھوں نے ۱۸۶۱ میں روسی حکومت کے خلاف پولینڈ کی بغاوت میں عملی طور پر حصہ لیا۔ جب وہ چار سال کے تھے تو ان کی والدہ تپ دق میں مبتلا ہو کر دینا سے رخصت ہوئی۔ اور کچھ ہی دن بعد ان کا انتقال ہو گیا۔ کانراڈ نے آٹھ برس کی عمر میں انگریزی پڑھنا شروع کیا اور کچھ ہی دنوں بعد والٹر اسکاٹ، ڈکنس اور تھیکرے کے ناولز انگریزی اور ان کے پولش تراجم کے ساتھ پڑھیں۔ اسکول سے فارغ ہونے کے بعد انھوں نے ایک فرانسیسی جہاز ران کمپنی میں ملازمت کرلی۔ اسی دوران انھوں نے غرب الہند، انگلستان، آسٹریلیا، سنگاپور، فلسطین، افریقہ، جاوااور سماترا کا بھی سفر کیا۔ کانراڈ نے مارچ ۱۹۷۸ میں بیس (۲۰) سال کی عمر میں ایک ریوالور کی مدد سے اپنے آپ کو گولی مار کر خودکشی کی بھی کوشش کی تھی۔ ۹/اگست ۱۸۸۶ میں کانراڈ نے برطانوی شہریت اختیار کی۔ ۳۸سال کی عمر میں۔۔ 'جنیی جارج' سے رشتہ ازدواج مین منسلک ہوئے۔ ان سے ان کے دو (۲) بچے پیدا ہوئے۔ ۱۹۱۹ میں وہ کینٹری بری کے قریب 'اوسالڈز' بشپ بورن میں رہائش پزیر ہوئے۔ ۱۹۲۴ میں ایک امریکی ناشر کی دعوت پر نیویارک گئے۔ مارچ ۱۹۲۴ میں کانراڈ گھٹیا کے مرض کا شکار ہوئے اور تیزی سے ان کی صحت گرنے لگی۔ انگلستان کی وزیر اعظم نے ان کو 'سر' کے خطاب سے نوازنا چاہا جسے انھوں نے ٹھکرادیا۔ مشہور فلسفی اور ماہر ریاضیات برانڈ رسل ان کی تحریروں سے بہت متاثر تھے اور رسل نے اپنے ایک صاحبزادے کا نام کانراڈ رکھنے کے لیے کانراڈ سے اجازت چاہی تھی۔

ممتاز ناول نگاروں میں جوزف کانراڈ (Joseph Conrad) اپنی نوعیت کے فکشن نگار ہیں۔ ان کی طویل مختصر کہانی 'تاریکی کا قلب' (Heart of Darkness) خاص طور

پر قابل ذکر ہیں۔ ابتدائی ناولوں میں 'ال میئرس فولی'(Almayer's Folly۱۸۹۸) نیگر آف نارسی سس (The Niger of Nareissus) اور 'لارڈ جم'(Lord Jim ۱۹۰۰) ہیں۔ سیاسی ناولوں میں 'مغربی آنکھوں کے تلے' (Under The WesternEyes۱۹۱۱)، خفیہ کار پرداز (The Secret Agent) ہیں۔ اس کا شاہکار 'نسٹروم'(Nostrom۱۹۰۴) ہے۔ کانراڈ کے بیشتر ناولوں کا پس منظر بحری زندگی ہے۔ جہاں انسان قدرت کی سفاکی سے براہِ راست متصادم ہوتا ہے۔ اور مہم جوئی کے جذبے کی تشفی بھی ہوتی ہے۔ اور اس کی آزمائش بھی۔ کانراڈ کو اس زندگی کا براہ راست تجربہ تھا۔ اس کے ناولوں کی تکنیک کا نمایاں وصف یہ ہے کہ ان میں علت و معلول کی ترتیب و تسلسل ٹوٹتا ہوا نظر آتا ہے۔ اس کے یہاں کہانی کا آغاز عمل یعنی (Action) کے درمیان سے ہوتا ہے اور آگے بڑھنے اور پیچھے لوٹ آنے اور پھر آگے بڑھنے کا سلسلہ برابر جاری رہتا ہے۔ کیونکہ زندگی ایک خط مستقیم نہیں بلکہ پرپیچ راہوں سے عبارت ہے۔ اگست ۱۹۲۴ کو کانراڈ کا حرکت قلب بند ہونے کے سبب انتقال ہوا۔ وہ سینٹ تھامس رومن کیتھولک چرچ کنٹری کے قبرستان میں رزق خاک ہوئے۔

کانراڈ نے مغربی سامراج سے اپنی ناگواری کا اظہار کیا ہے اور انھوں نے مغربی ممالک سے باہر سامراجی عزائم کا داخلی نوعیت کا نفسیاتی تجزیہ کیا ہے جو ان کی 'مہم جوئی اور سیاحی تحریروں میں نمایاں ہے۔ انھیں انگریزی نثر کے بیانیہ کو استعمال کرتے ہوئے اخلاقی شعور سے پردہ اٹھایا اور کرداروں کی ڈرامائی اظہاریت کو نیا رنگ دیا۔ ان کے انتہا پسندانہ اور خطرناک قسم کے کرداروں کو مشہور نقاد ایف آر لیوس نے بھی سراہا ہے اور اسے عظیم روایت کا حصہ قرار دیتے ہوئے جین آسٹن، جارج ایلیٹ اور ہنری جیمس کا تسلسل قرار دیا۔ کانراڈ کا فکش اعصابی تناؤ، خود کلامیہ قنوطیت کے خمیر سے گوندھا ہوا

ہے۔ جس میں رومانویت اور اخلاقی فیصلے پوشیدہ ہیں۔ لہٰذا ان کے رویوں میں اظہاریت کی مصوری اور بعض دفعہ نثری نظموں کا شائبہ ہوتا ہے جس کی مثال ان کی ناول 'لارڈ جم' میں۔ 'پٹنہ'۔۔۔ 'کمرہ عدالت' میں اداسی اور یاسیت کی منظر کشی کی گئی ہے۔ یہی ان کا 'تصور دنیا' ہے۔ ۱۹۷۵ میں ایک نائیجیرین نقاد 'چینوا اچپ پی' نے کانراڈ کو 'نسل پرست' ادیب کہا ہے۔ منور آکاش کانراڈ ادب کی شرط کے حوالے سے لکھتے ہیں کہ: "آرٹ کی شرط ہے کہ وہ ہونے والے کام کی ہر سطر میں اپنا جواز پیش کرے اور فن کی تعریف ایسے کی جاسکتی ہے جو واحد ذہن کی نظر آنے والی کائنات میں اعلیٰ سطح کے جواز پیش کرنے کی کوشش کرے، سچ کی روشنی کو بروئے کار لاتے ہوئے گوناگوں اور ہر بنیادی سطح کو مد نظر رکھتے ہیں۔ یہ ایک کاوش ہے اس کی ہیئتوں، اس کے رنگوں، اس کی روشنی، اس کے سایوں کو تلاش کرنے کی، زندگی کے حقائق اور معاملات کے پہلوؤں میں جس میں سے ہر عنصر بنیادی ہے، پائیدار ہے اور ضروری ہے یہ ایک روشن اور متاثر کن خصوصیت ہے سچ اور اس کے وجود کی فنکار مفکر اور سائنسدان کی طرح سچائی کی تلاش کرتا ہے اور اسے اپنے لیے پر کشش بناتا ہے دنیا کے مفکروں نے جو اپنے نظریات کے غوطے لگائے اور سائنسدانوں نے جو حقائق دریافت کیے۔ ایک فنکار ان کے ہر پہلو سے متاثر ہوتا ہے۔ کہیں موجود اور اجاگر ہونے والی ہمارے ہونے کی یہ خصوصیات پر کشش انداز میں جینے کے خطرات اور ہمت پر بہترین انداز میں فٹ ہوتی ہیں وہ حاکمانہ انداز میں ہماری عمومی حس، ہماری ذہانت، ہماری امن کی خواہش اور ہماری بدامنی کی خواہش پر بات کرتے ہیں، ہمارے تعصبات پر کبھی نہیں، کبھی کبھی ہمارے خوف پر اور کبھی کبھار ہماری انا پر، لیکن ہمیشہ ہماری خوش فہمی پر۔ ان کے الفاظ تعظیم سے سنے جاتے ہیں ان کا نقطہ نظر بھاری معمولات ہیں جیسے ہمارے ذہن کی نشوونما، ہمارے جسموں کی مکمل دیکھ بھال، ہمارے

اداروں کا اخلاق، ہمارے عظیم اور قیمتی اہداف کی تکمیل، دوسری صورت میں یہ فنکار کے ساتھ ہے۔ ایسی ہی چیستانی صورت حال کا سامنا کرتے ہوئے فنکار اپنے اندر اتر جاتا ہے اور اس تنہائی، دباؤ اور تناؤ کی کیفیت میں وہ حقدار ہوتا ہے یا خوش قسمت، وہ اپنے پر کشش ضوابط کو تلاش کرتا ہے۔ اس کی یہ تلاش ہماری کم گنجائش سے بنتی ہے۔ ہماری فطرت کا یہ حصہ، جو بقا کی جنگ جیسی حالت کی وجہ سے ہوتا ہے۔ لازمی طور پر یہ مزاحمتی اور مشکل خصوصیات آنکھ سے اوجھل رکھی جاتی ہیں۔ جیسے خطرے سے دوچار جسم زرہ بکتر رکھتا ہے یہ تلاش سست رو ہے، زیادہ گہری، کم منفرد، زیادہ فعال اور جلد فراموش کر دی جانے والی۔ مگر اس کے اثرات ہمیشہ رہیں گے۔ کامیاب نسلوں کی تبدیل ہوتی ہوئی ذہانت، برطرف خیالات، سوالیہ حقائق، ختم ہوتے نظریات، مگر فنکار کی ہمارے ہونے کی یہ تلاش ذہانت پر منحصر نہیں ہے یہ جو ہمارے اندر فطری صلاحیت ہے نہ کہ جو ہم نے حاصل کی ہے، جو زیادہ پائدار ہے اور مستقل۔ وہ ہماری خوشی اور حیرانی کی صلاحیت پر بات کرتا ہے اس اساطیری حس پر جس سے ہماری زندگی گھری ہے ہماری رحم دلی، دکھ اور خوبصورتی کی جس سے ہمارے ساتھیوں کے اندرونی احساسات سے تمام مخلوق کے ساتھ، ٹھیک لیکن نظر نہ آنے والی سالمیت کا احساسِ جرم جو بے شمار تنہا دلوں کو ایک ساتھ جوڑ کے رکھتا ہے۔ اس سالمیت سے جو خوابوں میں ہے، خوشی، غم میں، تنہا، دھوکے میں، امید میں، خوف میں، جو انسانوں کو آپس میں جوڑتی ہے، جو تمام انسانیت کو جوڑتی ہے، مرے ہوؤں کو زندوں سے اور زندوں کو پیدا ہونے والوں سے۔ "کانراڈ کی ناولز میں کئی جدید ادبی اور تنقیدی نظریات چھپے ہیں۔ ان کی مختصر کہانیاں بھی طویل ہوتی ہیں۔ انھوں نے اپنی کتاب 'اے پرسنل ریکارڈ' میں لکھا ہے: "وہ لوگ جو میری تخلیقات کو پڑھتے ہیں، دنیا کے متعلق میرے عقائد کو جانتے ہیں۔، یہ مادی دینا تھوڑے سے

سیدھے سادے تصورات پر قائم ہے، یہ خیالات اتنے سادہ ہیں۔ کی پہاڑوں کی طرح قدیم معلوم ہوتے ہیں ان میں ایک تصور وفاداری کا ہے۔"۔۔۔ جدید فکشن نگاروں اینڈی مارلو، ولیم فاکنر اور گراہم گرین پر جوزف کانراڈ پر خاصا اثر ہے ان کا خیال ہے کہ فرد کو برائیاں آہستہ آہستہ اندر سے کھائے جا رہی ہیں۔

(۷) حجاب امتیاز علی

اسماء ارم

بیسویں صدی کے اوائل میں اردو فکشن میں رومانیت ایک رجحان کے طور پر ابھری جسے سر سید کے عقلیت پسند تحریک کی ضد مانا جاتا ہے اس رومانی دور میں کئی آفاق گیر ادبی شخصیتیں منظرِ عام پر آئیں۔ جن میں ایک نمایاں نام حجاب امتیاز کا ہے۔

مدراس کے ضلع آرکاٹ (وانم باڑی) میں ۱۹۰۷ء میں پیدا ہوئیں۔ والد محمد اسماعیل مدراس کے معزز و معروف شخصیتوں میں سے تھے۔ اور والدہ عباسی بیگم ایک ادیبہ تھیں۔ ابتدائی تعلیم گھر پر والد کی زیر نگرانی ہوئی اور حیدر آباد کے ایک مشن اسکول میں انگریزی کی تعلیم حاصل کی۔ والدہ چوں کہ اردو کی پروردہ تھیں۔ اس لئے انگریزی کے ساتھ ساتھ اردو کی تعلیم کا سلسلہ بھی جاری رہا۔ ۱۹۳۰ء میں اردو کے مشہور ڈرامہ نگار امتیاز علی تاج سے بلہاری میں شادی ہوئی جس کے بعد لاہور کو اپنا گھر بنایا۔ جہاں پر خانگی ذمہ داریوں کے ساتھ ساتھ تہذیب نسواں کی ادارت کی ذمہ داری بھی نبھانے لگیں۔

حجاب نے کافی کم عمری میں لکھنا شروع کیا۔ ساڑھے گیارہ سال کی تھیں جب انہوں نے اپنا پہلا افسانہ "میری ناتمام محبت" تحریر کیا۔ جو بعد میں نیرنگِ خیال میں شائع ہوا۔ نابالغ ذہن کے تراش شدہ اسی بت کی ساخت میں کئی جگہ بت تراش کی نوعمری اور جذبات کی ولولہ انگریز ناہمواریاں دیکھنے کو ملتی ہیں۔ لیکن زبان وبیان، فکر و فن ایک عمدہ افسانہ

نگار کی آمد کا پتہ دیتے ہیں۔

ان کا دوسرا افسانہ "ظالم محبت" تھا جو ۱۹۴۰ء میں شائع ہوا۔ اس کے بعد انہوں نے کئی افسانے اور ناول لکھے۔ جیسے "صنوبر کے سائے"، "نغمات محبت"، "لاش" وغیرہ جو اُن دنوں تہذیب نسواں، عالم گیر، اور نیر نگِ خیال وغیرہ میں شائع ہوئے۔

حجاب نے زیادہ تر افسانے ہی لکھے ہیں۔ مگر اپنے کینویس اور کرداروں کے دائرہ عمل کے اعتبار سے یہ افسانے ناول ناولٹ کے ذیل میں آتے ہیں۔ ہلکے پھلکے ان رومانی سماجی ناولوں کی بنیاد ان کے عہد کا معاشرہ اور اس کے مسائل ہیں۔ جس میں محبت عام اخلاقی اصول واقدار اور سماجی قوانین سے ٹکراتی ہے اور اسی ٹکراو میں محبت کی شکست ہو تی ہے۔ سجاد حیدر یلدرم کے زیر اثر انہوں نے ایسی تخیلی دنیا آباد کی جو مشرق وسطیٰ اوریو روپین طرزِ معاشرت کا حسین امتزاج نظر آتی ہے جس میں امرا اور رؤسا، جواہرات اور موتیوں میں کھیلتے ہیں اور جن کی خدمت کے لئے بے شمار گل رخ کنیزیں ادھر اُدھر بھا گتی پھرتی ہیں۔ پوری فضا داستانی رنگ لئے ہوئے ہے جس میں سب کچھ اتفاقی ہے یہاں تک کہ مسرت اور غم بھی جو "یاد" بن کر مسرت کا ہی منبع لگتا ہے۔

ان کی کردار نگاری بھی تخیلی سطح پر کی گئی ہے شاعرانہ انداز میں پیش کردہ ان کے کردار اکثر تیسری نسل سے ہیں جن کا واسطہ ماضی کی دو نسلوں سے ہے۔ ان کے اعمال مشرقی معاشرہ کا حصّہ ہیں مگر مغربی تعلیم کے زیرِ اثر یہ فرد پچھلی نسلوں سے خود کو علاحدہ کرنے کی جدوجہد کرتے نظر آتے ہیں۔

جہاں تک قصہ کی تکنیک کا سوال ہے ان کی اکثر کہانیاں "روحی" بیان کرتی ہے جو کبھی کہانی کا اہم کردار بن کر تو کبھی ثانوی کردار کی حیثیت سے دوسروں کی کہانی پیش کرتی ہے مثلاً "میری ناتمام محبت" کے آغاز میں قبرستان کی پُر اسرار فضا میں "روحی" اپنی

ناکام محبت کو یاد کر کے اس کا افسانہ سناتی ہے۔

زبان و اسلوب کا انتخاب بھی حجاب نے موضوع کی مناسبت سے کیا ہے۔ حسن و عشق چوں کہ ان کا موضوع تھا اس لئے ان کی زبان نہایت لطیف و شیریں اور اسلوب شاعرانہ ہے۔ جہاں تک مکالموں کا تعلق ہے وہ نہایت ہی دلچسپ اور بر محل ہوتے ہیں۔ جو کہانی کے ارتقامیں معاون ثابت ہوتے ہیں اور ساتھ ہی کرداروں کے مزاج او رکیفیات کی ترجمانی کرتے ہیں۔

تجزیۂ نفسی کی دلدادہ حجاب نے رومانی ناولوں کے علاوہ کئی نفسیاتی مضامین اور ناول بھی لکھے جو رسالہ ساقی "میں شائع ہوا کرتے تھے۔ "اندھیرا خوب "ان کا مشہور نفسیاتی ناول مانا جاتا ہے اس کے علاوہ تہذیب نسواں میں "لیل و نہار" کے عنوان سے انہوں نے روزنامچے بھی لکھے جو ان کی ذاتی زندگی کی ترجمانی کرتے تھے۔ نمونہ ملاحظہ فرمایئے:

"شام کو گھر پر رہی اور آسمان کو تکتی رہی، رات کو کھانے کے بعد ساڑھے نو بجے "ت" اور مَیں گورنمنٹ کالج کے ڈرامہ میں چلے گئے۔ یاسمین نے پہلی دفعہ اسٹیج دیکھا اور خوش ہوئی"۔۔۔

اپنی ذاتی زندگی میں بے نیاز رہنے والی حجاب کسی اور دنیا کی مخلوق لگتی تھیں۔ ان کے جینے کا انداز اور طرزِ گفتگو وہی تھا جو اُن کے افسانوں میں نظر آتا تھا۔ وہ اپنے افسانوں کا خود بھی ایک پیکر تھیں۔ ان کی مختصر دنیا میں صرف تین افراد تھے وہ ،ان کی بیٹی یاسمین، اوران کے رفیق حیات اور ساتھ ہی کئی درجن بلبلاں، طوطے وغیرہ بھی ان کے عجائب خانہ کا حصّہ تھے۔

حجاب کو ہوابازی کا بھی شوق تھا۔ وہ ہندوستان کی پہلی مسلمان خاتون ہواباز تھیں۔ انہوں نے ۱۹۳۶ءمیں ناروں لاہور فلائنگ کلب سے پائلٹ کا لائسنس حاصل کیا

تھا۔ اپنے آخری ایام میں وہ ادبی دنیا سے علاحدگی اختیار کر کے اپنی فیملی کے ساتھ ایک پُر سکون زندگی بسر کرنے لگیں۔ ۱۹۹۹ء کو وہ اس دنیائے فانی سے کوچ کر گئی اور لاہور میں مدفون ہوئیں۔

اُردو ادب میں انہیں ایک منفرد مقام حاصل ہے ان کی کئی تخلیقات کو شاہکار مانا جاتا ہے مگر جن مطبوعات کو غیر معمولی شہرت نصیب ہوئیں ان میں "لاش"، "صنوبر کے سائے"، "میری ناتمام محبت"، "ظالم محبت"، "الیاس کی موت"، "موت کا راگ"، "آپ بیتی۔ تصویر بتاں" وغیرہ شامل ہیں۔

(۸) صغرا مہدی: ایک باغ و بہار شخصیت

نگار عظیم

کسی اپنے کے چلے جانے کے بعد اس کی ذات سے وابستہ کچھ بھی تحریر کرنا کس قدر مشکل کام ہے؟ اردو کی ممتاز ادیبہ افسانہ نگار، ناول نگار، انشاپرداز پروفیسر صغرا مہدی کے بارے میں کچھ لکھتے ہوئے ایسا ہی مشکل اور تکلیف دہ احساس دل و دماغ پر طاری ہے۔ وہ ایک ایسی منفرد ہمہ جہت شخصیت کی مالک تھیں جس کا مکمل بیان ناممکن ہے۔ وہ جس خانوادے کی چشم و چراغ تھیں اور جن نامور ہستیوں کے زیر سایہ ان کی پرورش ہوئی اور جو کچھ انھیں ورثے میں ملا اس کے تمام اوصاف ان میں کوٹ کوٹ کر بھرے ہوئے تھے۔ لیکن ان کے اندر اس سب سے کچھ زائد بھی تھا جو ان کا اپنا، صرف اپنا تھا۔ جو انھوں نے خود حاصل کیا تھا۔ ان کا نڈر پن، بے باکانہ اندازِ گفتگو، ضد، انصاف پسندی، صاف گوئی کے علاوہ خوشامد، منافقت، فرقہ پروری اور زمانہ سازی سے دور وہ نئی اور پرانی تہذیب کا ایسا سنگم تھیں جن کے بہت سے مداح تھے۔ ان کا وجود ایسا گھنا درخت تھا جس کی شاخوں پر پرندے چہچہاتے اور تازہ دم ہو کر اڑان بھرنے کے لیے نکل جاتے۔ ان کی شخصیت ان کے اپنے خاندان میں بھی اور جہاں جہاں وہ وابستہ رہیں وہاں بھی منفرد ہی رہی۔ اس کی کئی وجہیں ہو سکتی ہیں۔

صغرا مہدی کا اصل نام امامت فاطمہ تھا۔ سات بہن بھائیوں میں درمیان کی اولاد تھیں۔ دو بھائی اور ایک بہن چھوٹے اور تین بہنیں بڑی۔ ظاہر ہے درمیان کی اولاد ویسے

بھی دونوں طرف سے دباؤ میں رہتی ہے۔ بڑوں کا دباؤ اور چھوٹوں کی ذمے داری، ایسے میں اپنے لیے کوئی راہ، وہ بھی علاحدہ ناممکن ہی ہے۔ لیکن صغرا مہدی نے اس ناممکن کو ممکن بنا کر اپنا نیا جہان آباد کیا۔

صغرا مہدی نے بچپن سے اپنی دنیا کو اس روپ میں دیکھنا پسند کیا جیسا کہ وہ چاہتی تھیں۔ وہ دنیا انھیں قبول نہیں تھی جیسا کہ تھی۔ لکھتی ہیں:

"مجھے کھیلوں سے دلچسپی نہیں تھی، کھیل سے چپکے سے نکل کر گوشۂ تنہائی تلاش کرلی جہاں بیٹھ کر اکیلے خود سے باتیں کرتی۔ میری اپنی خیالی دنیا تھی، جو اس دنیا سے بالکل الگ تھی۔ اس میں بسنے والے سب لوگ وہی تھے جو حقیقی دنیا میں میرے ساتھ یا آس پاس تھے۔ مگر وہ ایسے تھے جیسا میں چاہتی تھی کہ ہوں۔ اس دنیا میں ہر وہ بات تھی جو مجھے پسند تھی۔"

ہر فرد اپنے ماحول میں جیتا ہے پرورش پاتا ہے پروان چڑھتا ہے اور یہی بنیاد اس کی زندگی کی عمارت کی بنیاد ہوتی ہے۔ صغرا مہدی کے مزاج کا کھرا پن اور کھردرا پن انھیں اپنی زندگی کے حالات سے میسر آیا۔ ان کے والدین کی عمروں میں بہت فرق تھا اور مزاجوں میں بھی ماں باپ کے درمیان چھوٹی چھوٹی باتیں وجہ اختلاف بن جاتیں۔ صغرا مہدی کی اماں دادی جان کو سخت ناپسند کرتی تھیں جو رشتے میں ان کی بڑی چچی بھی لگتی تھیں۔ وہ بہت تیز مزاج اور سخت گیر بھی تھیں۔ ایسے میں صغرا مہدی کا معصوم بچپن اپنی نئی من پسند دنیا آباد کر کے تمام ناگواریوں سے فرار حاصل کر لیتا۔

بھوپال سے سات میل دور قصبہ باڑی میں اپنے خاندان کے زیر سایہ ان کا بچپن بیتا۔ بارنا ندی نے اس قصبے کو دو حصوں میں تقسیم کر دیا۔ کسی وقت یہاں گونڈ بھیل راجاؤں کی حکومت تھی۔ صغرا مہدی کے والد (میاں) سید علی مہدی اسی علاقے میں

سب انسپکٹر تھے۔ تھانے سے ملا ایک مردانہ مکان جسے پرانے وقتوں میں مردان خانہ کہا جاتا تھا، بھی تھا جو عارضی قید خانے کے لیے استعمال ہوتا تھا۔ یہاں مجرم رکھے جاتے تھے۔ علاقہ بے حد خوبصورت ہرا بھرا پھولوں کی وادیوں سے گھرا ہوا تھا۔ ندی نے اس علاقے کی خوبصورتی میں چار چاند لگا دیے تھے۔ یہیں ہری ہری گھاس میں لال لال بیر بہوٹیاں دیکھتے ہوئے رنگ برنگی تتلیاں پکڑتے ہوئے رات کے اندھیرے میں جگنوں پکڑ پکڑ کر دامن میں بھرتے ہوئے اور کبھی کبھی شیر بھی دیکھتے ہوئے، ہرے بھرے کھیتوں میں دور تک پھیلے ہوئے دھوپ کے ساتوں رنگ آنکھوں میں بسائے قدرت کی گود میں صغرا مہدی کا بچپن قلانچے بھر رہا تھا۔

صغرا مہدی سب بہن بھائیوں میں زیادہ معمولی شکل وصورت کی تھیں۔ اوپر سے چیچک کے داغ بھی بسیرا کر کے بیٹھ گئے۔ دبلی پتلی کالی سوکھی اور چیچک کے داغ بھرے چہرے نے احساس کمتری میں مبتلا کر دیا تھا۔ سونے پہ سہاگا گھر اور باہر کے لوگ چڑانے لگے تھے کہ تم اماں اور میاں کی بیٹی نہیں ہو بلکہ تمھیں کسی جمعدارنی سے گود لیا ہے۔ ایسے میں صغرا کے معصوم دل پر کیا گزرتی ہوگی؟ صغرا کے والد صغرا کی والدہ سے دس برس بڑے تھے اور انسپکٹر بھی تھے۔ ظاہر ہے مزاج میں سختی اور تناؤ بھی رہا ہوگا۔ حاکمانہ انداز ہوگا شاید اسی سبب میاں اور اماں کے درمیان ہمیشہ تناؤ کی صورت رہتی۔ صغرا نے ایسی صورت میں خود کو کمتر محسوس کر کے نظر انداز نہیں کیا بلکہ یہی وہ حالات تھے جب امامت فاطمہ کے اندر صغرا مہدی پروان چڑھ رہی تھی۔ ایسے میں صغرا مہدی اپنی ایک خیالی دنیا آباد کر لیتی تھیں جس میں وہ خوبصورت، ذہین، پڑھی لکھی اور سب کی چہیتی لڑکی بن جائیں۔ ایک آئیڈیل گھران کے ذہن میں تیار ہو جاتا اور اپنی پسند کے مطابق کردار، ساز وسامان، آرائش، زیبائش، لباس اور جو وہ چاہتیں تیار ہو جاتا۔۔۔ واہ صغرا مہدی۔۔۔

واہ۔ کیا اس سب سے ایسا محسوس نہیں ہوتا کہ تخلیق کار صغرا مہدی پیدا ہو چکی تھیں۔ جس میں وہ کہانی کار بھی تھیں اور کردار بھی۔

یوں تو صغرا مہدی کی بڑی بہن سیدہ فرحت کو شاعری سے نہ صرف شغف تھا بلکہ وہ نظمیں اور غزلیں بھی کہتی تھیں اور گاتی بھی تھیں۔ چھوٹے بھائی اقبال مہدی بھی آگے چل کر افسانہ نگار بنے لیکن صغرا مہدی کی بات ہی الگ تھی۔ ان کا بچپن بھی انوکھا تھا جوانی بھی نرالی اور ضعیفی بھی منفرد و مختلف جو کبھی آئی ہی نہیں۔

صغرا مہدی کی تعلیم و تربیت اور ادب سے وابستگی اپنے ماموں جان (ڈاکٹر عابد حسین) اور ممانی صاحبہ (صالحہ عابد حسین) کے زیر سایہ دہلی اور علی گڑھ میں ہوئی۔ یہاں کا کھلا ماحول انھیں نہ صرف راس آیا بلکہ ان کی تخلیقی صلاحیتوں کے اجاگر ہونے میں بہت سازگار ثابت ہوا۔ وہ باقاعدہ افسانے لکھنے لگی تھیں۔ سب بہن بھائی پڑھ لکھ کر آگے بڑھ رہے تھے۔ شادیاں ہو رہی تھیں۔ گھر آباد ہو رہے تھے لیکن صغرا مہدی نے یہاں بھی غیر معمولی کارنامہ انجام دیا۔ لکھتی ہیں:

"ممانی جان کو اور خاندان کے دوسرے لوگوں کو میری شادی کی بھی فکر تھی۔ میں نے اس سلسلے میں معمول کے خلاف اپنے خیالات ماموں جان سے شیئر کیے کہ میں شادی نہیں کرنا چاہتی۔ مجھے لکھنے کا شوق ہے۔ میں نے چھوٹی چھوٹی کہانیاں اور اپنا پہلا ناول 'پا بہ جولاں' لکھنا شروع کر دیا تھا۔ ماموں جان نے میرے خیال کو رد نہیں کیا بلکہ یہ کہا کہ "تنہا زندگی گزارنا مشکل ہے۔ اگر تم یہ چاہتی ہو تو پھر ابھی سے اس کی تیاری شروع کر دو، اپنے کو پر اعتماد رکھو۔ اگر تم اپنی زندگی سے خوش اور مطمئن رہیں تو میں کبھی تمھیں شادی پر مجبور نہیں کروں گا۔ مگر شادی کے دروازے بند نہ کرو۔" (حکایتِ ہستی)

اپنے ماموں جان کے نصیحت آمیز یہ جملے صغرا مہدی کے لیے مشعلِ راہ بن گئے۔

انھوں نے خود کو پر اعتماد بنایا خوش اور مطمئن رہنا اپنا شعار بنایا۔ زندگی اپنے ڈھنگ سے جینا سیکھا اور تنہا زندگی گزارنے جیسے مشکل مرحلے سے وہ بہ حسن وخوبی شادماں گزریں او رکیا پتہ انھوں نے کوئی خیالی شہزادہ بھی شوہر کے روپ میں بنا کر اپنی دنیا میں آباد کرر کھا ہو کیوں کہ ان کی خیالی دنیا بہت پاور فل تھی۔ لیکن اس کا مطلب یہ نہیں کہ انھیں زندگی میں دقتیں در پیش نہیں آئیں۔ آئیں، انھوں نے ان کا مقابلہ کیا۔ لکھتی ہیں:

"میں نے شروع سے ہی سوچ لیا تھا کہ سوسائٹی کے Norms سے ہٹ کر جو کام کیا جائے اس کی قیمت چکانی پڑتی ہے اس لیے اس سلسلے میں جو مشکلات پیش آئیں ان کا یہی سمجھ کر سامنا کیا۔" (حکایت ہستی)

صغرا مہدی کے والد زیادہ تر ملازمت کے سلسلے میں اپنے دوروں پر رہتے تھے۔ ان کا زیادہ تر وقت باہر ہی گزرتا۔ گھر اور بچوں سے ان کو کم ہی واسطہ رہتا۔ والدہ اکثر بیمار رہتی تھیں۔ ذہنی طور پر بھی پریشان رہتی تھیں لیکن اس کے باوجود وہ ایک اچھی خاتونِ خانہ تھیں۔ کھانا اچھا پکاتی تھیں۔ بہت اچھی منتظم تھیں۔ بے حد دلچسپ گفتگو کرتی تھیں۔ شوخ تھیں۔ لوگوں کو ہنساتی تھیں۔ ملنسار تھیں۔ لوگوں کو تحفے تحائف دینے کا بھی شوق تھا مگر جب موڈ خراب ہوتا تو پھر ان کی ہر چیز سے دلچسپی ختم ہو جاتی اور گھر کا نظام درہم برہم ہو جاتا۔ اپنی اماں کی یہ تمام خصوصیات صغرا مہدی میں موجود تھیں۔ ہاں ان کے اچھا کھانا پکانے پر ضرور شبہ کیا جاسکتا ہے۔ اس ناچیز کو ان کے یہاں بہت لذیذ کباب اور چپاتی ایک ادبی نشست میں کھانے کا اتفاق ہوا۔ گول اور پتلی چپاتیاں خوش ذائقہ مناسب مسالحہ والے کباب یقینا صغرا مہدی نہیں پکا سکتی تھیں کیوں کہ اتنی مناسبت تو ان کے اندر تھی ہی نہیں۔ اس میں یا تو ان کی بھابی شمع صاحبہ (اقبال مہدی کی بیوی) یا پھر کسی ملازمہ کا ہاتھ ضرور لگا ہوگا۔ ویسے اقبال مہدی نے ان کے کھانے پکانے

اور گرہستی جمانے کے ذوق کو بڑے دلچسپ انداز میں قلم بند کیا ہے۔ لکھتے ہیں:

"ایک زمانہ تھا کہ آپا کھانا پکانے کے نام پر صفر تھیں اور آج خدا کی شان کہ وہ طرح طرح کے کھانے پکاتی ہیں اور ستم یہ بھی ہے کہ لوگوں کی دعوتیں بھی کرتی ہیں۔ گھر بھی صاف ستھرا رکھنے کی خواہش کرتی ہیں اور اگر ضرورت ہو تو عیب کو چھپانے کے لے ے پیوند کاری کے فن سے بھی واقف ہیں۔ لوگ سمجھتے ہیں کہ شاید یہ آرٹ کا 'ٹچ' ہے۔ کھانا بنانے کے لیے کسی مغلانی بیگم کے دستر خوانی نسخے کی ضرورت نہیں۔ جیسی بے ساختہ خود ہیں اسی طرح خود ساختہ ڈشیں بناتی ہیں۔"

کیا صغرا مہدی کا یہ تعارف ان کی شخصیت کو سمجھنے کے ل لیے کافی ہے؟ ہرگز نہیں۔۔۔ سیدھے سادے لفظوں میں اگر یہ کہا جائے کہ صغرا مہدی بہت ہی لڑاکو اور ہٹلر قسم کی خاتون مشہور تھیں تو آپ کو کیسا لگے گا؟ ایک پروفیسر اردو کی ادیبہ تہذیب یافتہ گھرانے کی چشم و چراغ اور اتنا بڑا الزام۔۔۔؟ لیکن یہ الزام نہیں آنکھوں دیکھی ہے۔ یہاں تفصیل کی گنجائش نہیں بس صرف ایک واقعہ تحریر کروں گی۔

شاید یہ ۱۹۸۸ یا ۸۹ کی بات ہے (۱۹۷۷ میں صغرا مہدی شعبۂ اردو جامعہ ملیہ اسلامیہ سے وابستہ ہو چکی تھیں) مجھے اپنے پی ایچ ڈی کے داخلے کے سلسلے میں کئی مرتبہ اردو ڈپارٹمنٹ جانا ہوا۔ محترم پروفیسر ذاکر صاحب اس وقت ہیڈ تھے۔ میں چاہتی تھی کہ محترمہ صغرا مہدی صاحبہ یا پروفیسر شمیم حنفی صاحب کے زیر نگرانی میرا کام پایۂ تکمیل کو پہنچے کہ ایک دن ڈپارٹمنٹ میں داخل ہونے سے پہلے ہی کسی خاتون کی گرج دار کڑک دار آواز میری سماعت سے ٹکرائی، ذرا سا دروازہ کھولا چھ سات طلبہ و طالبات گردن جھکائے کھڑے تھے اور کوئی خاتون فُل وولیوم میں ان کی خبر لے رہی تھیں۔ چہرہ نظر نہیں آیا۔ میں پیچھے ہٹ گئی اتنے میں محترم عنوان چشتی اندر سے باہر آئے مجھے خوف زدہ

دیکھ کر مسکراتے ہوئے بولے "گھبرائیے نہیں صغرا مہدی صاحبہ ہیں۔" میں چند منٹ باہر کھڑی ہو کر واپس آ گئی۔ میں نے اپنا مقالہ ان کی نگرانی میں مکمل کرنے کا ارادہ ترک کر دیا۔ کچھ تکنیکی مجبوریوں کے سبب پروفیسر شمیم حنفی بھی میرے گائیڈ نہیں بن سکے، لہٰذا پروفیسر حنیف کیفی صاحب کی نگرانی میں میرا داخلہ ہوا۔ حالانکہ میری چھوٹی بہن مہر جمال صغرا مہدی صاحبہ کی ایم اے میں شاگردہ رہ چکی ہے۔ وہ انھیں سخت گیر کہنے کے ساتھ ساتھ ان کی تعریف بھی بہت کرتی ہے۔

ایسے ہی اکثر سیمیناروں اور مشاعروں میں صغرا مہدی صاحبہ کو زبردست طریقے سے ہوٹنگ کرتے ہوئے دیکھا۔ خود بھی کرتی تھیں اور دوسروں کو بھی اکساتی تھیں۔ میرے شوہر عظیم صدیقی کو ان کا ہوٹنگ کرنا بہت پسند آتا تھا۔ اس لیے وہ ان کے آس پاس ہی بیٹھنے کی کوشش کرتے اور اس منظر کا پورا لطف لیتے۔ لیکن جب صغرا مہدی سے قربتیں بڑھیں تو اندازہ ہوا وہ بڑی منفرد مزاج کی خاتون ہیں۔ ان کے اندر ہمہ وقت ایک شوخ چنچل بچہ موجود رہتا ہے ایک مست بند اس لڑکی بھی جو ہنستی اور قہقہے لگاتی رہتی ہے اور اپنا حکم منواتی ایک ہٹلر دیدی بھی، جو موقع پڑنے پر مقابلہ کرتی جھانسی کی رانی بھی بن جاتی ہے۔ میرے لیے صغرا مہدی کو سمجھنے کے لیے ان کی تحریروں اور کارناموں کے علاوہ اوکھلا میں یعنی جامعہ نگر میں منعقد ہونے والی محفلوں کا بڑا ہاتھ ہے۔

اوکھلا کا علاقہ ویسے بھی ادیبوں کے لیے بہت ساز گار علاقہ ہے۔ ایک دوسرے کے یہاں شادیوں میں ادبی نشستوں میں خوشی اور غم میں ملاقات ہونا لازم ہے لہٰذا کسی سے ایک دوسرے کی حقیقت چھپی نہیں رہتی بلکہ نزدیکیاں بڑھتی ہیں۔ بے تکلفی بڑھتی ہے، روابط بڑھتے ہیں تو ایک فیملی جیسا ماحول خود بہ خود پیدا ہو جاتا ہے جو ایک دوسرے کو سمجھنے میں بڑا معاون ہوتا ہے۔

اقبال مہدی نے ایک خاکہ نما مضمون 'آپا! ہٹیے ان کو کون نہیں جانتا!" میں کچھ ایسی سچی کھری بے لاگ باتیں تحریر کر دیں کہ مجھے کہتے ہوئے ڈر لگتا ہے۔ اس لیے میں خود کو بچاتے ہوئے اپنے دل کی آواز کو ان کی تحریر کے ذریعے عام کرنا چاہوں گی:

-"بہت سے حرفوں کو ملا کر نام بنا ہے پروفیسر صغریٰ مہدی: لہٰذا بڑے بڑے حرفوں کا عطر مجموعہ ہیں محترمہ!"

-"ہم تو یہ جانتے ہیں کہ ہماری اماں ان کو 'ہٹلر' کہہ کر پکارتی تھیں۔ اماں نے بات تو بڑی سچی کہی تھی۔ غریب ہٹلر تو ختم ہو گیا مگر اپنا جانشین چھوڑ گیا اور ان کی شانِ ہٹلری وہی ہے۔"

-"دراصل آپا کی پارہ صفت طبیعت اور مزاج کا اتار چڑھاؤ ان کی خداداد ذہانت ہے جس کو انھوں نے اپنی محنت اور لگن سے سنوارا ہے اور اس سنوار اور نکھار میں ایسی جلوہ نمائی ہے کہ اپنے مقابل پر وار اس طرح کرتی ہیں کہ مداحوں کی نوکِ زبان پر بے ساختہ آجاتا ہے: "لڑتی ہیں اور ہاتھ میں تلوار بھی نہیں" تلخ کلامی بری بات ہے۔ خدا بچائے۔ میری سمجھ میں نہیں آتا کہ ان سب باتوں کے باوجود کیسے لوگ ان کے مداح ہیں؟ کیا آج کل کے لوگ اتنے ڈھیٹ ہو گئے ہیں؟"

-"یہ آپا صاحبہ کس قدر ہڑدنگی ہیں اور ہمیشہ سے ہیں۔ انھوں نے کیا کیا نہ ادھم جوتے ہیں۔ باجی کہتی تھیں۔ "اتنی بڑی ہو گئی ہے صغریٰ، خدا کے واسطے سنجیدہ بنو۔ یہ کیا اپنی گت مت کھوئی ہے چھوٹے بھائی بہنوں میں۔"

-"بچپن ہی میں کیا زندگی کے ہر دور میں ان کی مزاجی افتاد یہی رہی ہے کبھی شعلہ کبھی شبنم ــــ یعنی ہنسنا، قہقہے لگانا، چیخنا چلانا، اور کبھی ناقابل یقین حد تک سنجیدہ ہو جانا۔"

-"آپ کا تاریخی نام امامت فاطمہ ہے۔ لیکن کسے پتہ تھا کہ امامت فاطمہ قیامت

صغریٰ بن کر لوگوں پہ ستم ڈھائیں گی۔ مگر ہاں اپنے تاریخی نام امامت فاطمہ کی نسبت سے ملک کے ملاؤں، مفتیوں اور اماموں سے بھڑتی رہتی ہیں جو بات بات پر فتوے جاری کرتے رہتے ہیں۔"

یہ تھیں ہماری صغرا مہدی صاحبہ۔

واحد ایسی خاتون جو تنہا ہوتے ہوئے بھی مکمل انجمن تھیں۔ ہمیشہ بھیڑ میں گھری ہوتیں۔ محبتیں لٹاتیں، ڈانٹ پھٹکار سناتیں، گلے سے لگاتیں، دعوتیں کرتیں، نصیحتیں کرتیں، دوستی کا دم بھرتیں اور سب کے دل میں گھر کر لیتیں۔ ہر چھوٹے بڑے سے ملنا اس کا دل رکھنا انھیں خوب آتا تھا۔ میرے غریب خانہ پر بھی ادبی نشست میں شرکت کر کے رونق اور عزت بخشی۔

انھیں ملال تھا کہ وہ عظیم صدیقی کے گزر جانے پر میرے غم میں شریک ہونے کے لیے نہیں آسکیں کیوں کہ اس وقت میں تھرڈ فلور پر رہ رہی تھی۔ بہت معذرت خواہ تھیں، مجھے ان کی صحبتوں پر فخر ہے۔ تعریف و تنقید اور انعام و اکرام سے بے نیاز رہنے والی صغرا مہدی ہمیشہ خاموشی سے اپنے تخلیقی کاموں میں منہمک رہیں۔

اردو اکادمی دہلی نے ان کی کاوشوں پر فکشن ایوارڈ سے نوازا لیکن حقیقت میں وہ بڑے ایوارڈ کی حقدار تھیں۔ ان کے افسانے اور ناول ہمارے سماج کی بنتی بگڑتی تصویروں کا عکس ہیں جس میں عورت کو نمایاں حیثیت حاصل ہے۔ مزاج کی طرح ان کی فکری بصیرت بھی منفرد تھی۔ صرف تحریر ہی نہیں انھوں نے حقوقِ نسواں اور تعلیم نسواں کے لیے آواز بھی بلند کی۔ یک طرفہ فتوے دینے والے فیصلوں پر اعتراض بھی کیا۔

قرۃ العین حیدر اور صغرا مہدی کے نزدیکی مراسم تھے جب کہ دونوں کے مزاج

میں زمین آسمان کا فرق تھا۔ عینی آپا خود پسند اور تنہائی پسند تو صغرا مہدی بالکل پلٹ۔ اس سے اندازہ ہوتا ہے کہ صغرا مہدی نہ صرف تہذیبی قدروں سے جڑی تھیں بلکہ اسے نبھانا بھی خوب جانتی تھیں۔

سہیلیوں کے گروپ میں تاباں صاحب کی بیٹی عذرا باجی کو نمایاں حیثیت حاصل تھی۔ پکی سہیلیاں! پروفیسر خالد محمود لکھتے ہیں:

"صغرا آپا کی شوخیاں اور شرارتیں جامعہ بھر میں مشہور ہیں۔ صغرا آپا اور عذرا باجی کی جوڑی کو خدا اسلامت رکھے، ایک زمانے میں قیامت برپا کرر کھی تھی۔ کون تھا جو ان کی زد سے بچا ہو۔ آج بھی یہ دونوں مل جائیں تو شریر سے شریر بچے کے کان کاٹتی ہیں، مشاعروں میں یہ دونوں پیچھے بیٹھ کر وہ ہوٹنگ کرتی ہیں کہ اللہ میاں بھی شاعروں کا ساتھ چھوڑ دیتا ہے۔ مرنے کے بعد تو شاعروں کو دوزخ میں جانا ہی ہے، مشاعروں میں یہ دونوں ان کی زندگی بھی دوزخ بنا دیتی ہیں۔"

آہ۔۔۔ اب دونوں کی جوڑی۔۔۔؟ جب آنگن میں صغرا مہدی سفید لباس میں منہ ڈھانپے خاموش ابدی نیند سوئی تھیں اور عذرا باجی زار و قطار رو رہی تھیں تو کلیجہ منہ کو آتا تھا۔ لگتا تھا صغرا مہدی ابھی ابھی منہ سے چادر ہٹائیں گی اور بولیں گی: اے ہے عذرا! بس اب چپ بھی کرو۔۔۔کیوں نیند خراب کرتی ہو، تمھیں خدا سمجھے۔

صغرا مہدی کی زندگی پر نظر ڈالی جائے تو مختلف احساس ذہن کے پردے پر نمایاں ہوتے ہیں۔ کبھی لگتا ہے ان کی زندگی کسی طویل داستان کا ایک حصہ تھی اور وہ اس کی اہم کردار، اپنا رول بہ حسن و خوبی ادا کر کے وہ دور آسمانوں میں کہیں گم ہو گئیں۔ کبھی محسوس ہوتا ہے وہ اللہ میاں کے یہاں بھی بھیڑ لگا کر حقوق نسواں کو لے کر عورتوں کی برابری کے لیے جھگڑ رہی ہیں اور اللہ تعالیٰ پر مردوں کے تئیں پارشیالٹی کا الزام عائد کر رہی ہیں۔

امید ہے اللہ تعالیٰ وہاں بھی ان کی نگہبانی کریں گے۔ وہ اپنی بے شمار یادوں، باتوں، قہقہوں اور تحریروں کے ذریعے ہمیشہ ہمارے درمیان رہیں گی۔ ادبی دنیا میں ویسے بھی دور دور تک ـــ اب کوئی صغرا نہیں۔

(۹) حقوقِ نسواں کی علم بردار: رقیہ سخاوت حسین

عذرا نقوی

آج تاریخ کے صفحات سے نکال کر برصغیر کی ایک ایسی باہمت خاتون رقیہ سخاوت حسین سے آپ کی ملاقات کرا رہی ہوں جس نے ایک صدی پہلے اپنے قلم اور عمل سے حقوقِ نسواں اور مسلمان عورتوں کی تعلیم کے لیے بہت کچھ کیا۔ انھوں نے کلکتہ میں مسلمان لڑکیوں کے لیے ایک اسکول قائم کیا تھا جو اب تک رقیہ سخاوت حسین میموریل گرلز کالج کے نام سے قائم ہے۔ رقیہ خاتون جو شادی کے بعد بیگم رقیہ سخاوت حسین کے نام سے مشہور ہوئیں ۱۸۸۰ میں بنگال کے ایک زمین دار گھرانے میں پیدا ہوئیں، ان کے والد ایک اعلیٰ تعلیم یافتہ زمین دار تھے۔ زمانے کے رواج کے مطابق انھوں نے اپنے بیٹے کو تو اعلیٰ تعلیم دلائی اور کئی زبانیں سکھائیں لیکن لڑکیوں کی تعلیم صرف گھر تک محدود تھی۔ بنگال کے اعلیٰ طبقے کے مسلمان گھرانوں میں اس زمانے میں عورتوں کو بنگالی زبان نہیں پڑھائی جاتی تھی بس گھر پر عربی اور فارسی پڑھانے کا رواج تھا۔ رقیہ کی بڑی بہن کریم النساء جو کم عمری ہی سے پڑھنے اور شاعری کا شوق رکھتی تھیں انھیں اس پاداش پر کہ وہ ایک بنگالی نظم پڑھ رہی تھیں کئی برس خاندان کی ایک بزرگ خاتون رشتہ دار کے گھر تقریباً قید کر دیا گیا تھا، ان کی عمر اس وقت صرف بارہ سال تھی۔ رقیہ سخاوت حسین نے اپنے خاندان کے حالات لکھتے ہوئے اپنی خود نوشت میں لکھا تھا کہ اس زمانے کے اشرافیہ کے رواج کے مطابق لڑکیاں نہ صرف سخت پردے میں "زنانے" میں رہتی تھیں

بلکہ غیر برادری کی عورتوں سے بھی پردہ کرتی تھیں۔ قریبی رشتہ دار خواتین، معتبر خاندانی خادماؤں کے علاوہ کنواری لڑکیوں کو کسی کے سامنے جانے کی اجازت نہیں تھی۔

رقیہ خاتون اور کریم النساء کے اعلیٰ تعلیم یافتہ بڑے بھائی بہت درمند دل رکھتے تھے، اوراپنی بہنوں کا شوق دیکھ رہے تھے لیکن خاندان اور سماج کی روایات کے خلاف نہیں جا سکتے تھے اس لیے انھوں نے دونوں بہنوں کو گھر میں چھپ چھپ کر رات کو لالٹین کی روشنی میں تھوڑی بہت بنگالی اور انگریزی پڑھائی۔ کریم النساء کی شادی چودہ سال کی عمر میں کر دی گئی تھی اور بعد میں انھوں نے شاعرہ کے طور پر شہرت پائی۔

رقیہ خاتون کی شادی ۱۸۹۶ میں سولہ سال کی عمر میں خان بہادر سخاوت حسین سے ہوگئی جو اعلیٰ تعلیم یافتہ، ولایت پلٹ تھے اور بھاگلپور (بہار) کے ڈپٹی مجسٹریٹ تھے، ان کی پہلی بیوی کا انتقال ہو گیا تھا۔ عمر میں وہ رقیہ سے بہت بڑے تھے لیکن یہ شادی رقیہ کے لیے نیک فال ثابت ہوئی۔ حالاں کہ سید سخاوت حسین کی مادری زبان اردو تھی لیکن انھوں نے رقیہ کی نہ صرف بنگالی زبان میں لکھنے میں ہمت افزائی کہ بلکہ انگریزی پڑھنے کا بھی انتظام کروادیا۔ رقیہ کی جوانی کا بڑا حصہ صوبۂ بہار میں گزرا جہاں انھیں اپنے شوہر کی اعلیٰ سماجی حیثیت کی وجہ سے بہت سی ہندی اور انگریزی تعلیم یافتہ خواتین سے ملاقات کا بھی موقع ملا، انگریزی ادب کے مطالعے نے انھیں ایک نئی دنیا کی جھلک دکھائی۔ اپنے شوہر کی ہمت افزائی کی وجہ سے اب رقیہ نے انگریزی میں بھی لکھنا شروع کر دیا۔ انھوں نے متعدد کہانیاں مضامین اور ناول لکھے جو عورتوں سے ہی متعلق تھے۔ وہ بنیادی طور پر سماجی کارکن تھیں اس لیے ادب کو پس پشت ڈال کر شادی کے چند ہی سال بعد رقیہ حقوق نسواں اور عورتوں کی تعلیم کی زبردست علم بردار بن گئیں۔

شادی کے صرف تیرہ سال بعد سخاوت حسین کا انتقال ہو گیا۔ انھوں نے اپنی

وصیت میں رقیہ کے لیے کافی رقم چھوڑی تھی تاکہ وہ مسلمان لڑکیوں کے لیے تعلیم کو آگے بڑھائیں۔ لہٰذا رقیہ نے اپنے گھر میں لڑکیوں کے لیے ایک اسکول کھول لیا۔ لیکن یہ کام اتنا آسان نہ تھا، ان کی سوتیلی بیٹی اور داماد نے گھر پر قبضہ جمانے کے لیے رقیہ کو دھکے مار کر گھر سے باہر نکال دیا۔ انھوں نے اپنا مختصر اثاثہ اور کتابیں جمع کیں اور کلکتہ کا رخ کیا۔ وہاں انھوں نے ۱۹۱۱ میں سخاوت حسین میموریل گرلز اسکول قائم کیا۔ ۱۹۱۶ میں ایک انجمنِ خواتین کی بنیاد ڈالی جو خواتین کی کانفرنسیں، مباحث وغیرہ منعقد کرتی تھی۔ ان کے اسکول سے امیر اور متوسط طبقے کی لڑکیاں مستفید ہوتی تھیں مگر انجمن کے ذریعے انھوں نے غریب عورتوں کے لیے بھی بہت کام کیا۔ گھر گھر جاکر انھوں نے خواتین کو انجمن کا ممبر بنایا۔ یہ انجمن غریب بیواؤں کی مالی امداد کرتی تھی، پریشان حال اور مظلوم بیویوں کو تحفظ اور پناہ دیتی تھی، غریب لڑکیوں کی شادیاں کراتی تھی اور سب سے اہم بات یہ کہ غریب طبقے کی لڑکیوں کے لیے بھی تعلیم کا انتظام کرتی تھی۔ انھوں نے دوسری خواتین کے ساتھ ٹیم بنا کر کلکتہ کی کچی بستیوں میں ہندو اور مسلمان عورتوں کے لیے کر معمولی تعلیم اور حفظانِ صحت کی تربیت کا انتظام کیا تھا۔ تعلیم بنگالی اور اردو میں دی جاتی تھی۔

رقیہ نے انگریزی میں ایک کہانی "سلطانہ کا خواب" لکھی، جس نے بہت شہرت پائی اور جس پر تنقید اور تعریف کا طوفان آگیا۔ یہ دلچسپ کہانی پڑھ کر حیرت ہوتی ہے کہ ایک صدی پہلے اس خاتون نے بالکل نئے انداز کی کہانی تخلیق کی تھی جو اس زمانے کے ادب سے بالکل الگ تھی۔ یہ سائنس فکشن بھی کہلائی جاسکتی ہے اور فنتاسی fantasy بھی۔ اس میں ایک لڑکی سلطانہ کو خواب میں اس کی دوست سائرہ ایک ایسی مملکت میں لے جاتی ہے جہاں عورت ہی ملکہ ہے، جہاں مرد عورتوں کی طرح پردے میں بٹھادیئے

گئے ہیں اور کاروبارِ جہاں بہت امن چین سے عورتیں چلا رہی ہیں، جہاں عورتوں کی دو یونیورسٹیاں ہیں اور عورتوں کی سائنسی تجربہ گاہیں ہیں، جہاں لڑکیوں کے بہت سے اسکول ہیں، کم عمری کی شادیاں ممنوع ہیں، وغیرہ وغیرہ۔ حیرت ہوتی ہے کہ اس زمانے میں رقیہ نے کہانی میں سائنسی فکشن کے انداز پر مستقبل میں ہونے والی ایجادات کا تذکرہ کیا ہے۔ جیسے سلطانہ کی دوست اس کو اپنے گھر کے باورچی خانے میں لے جاتی ہے، ان کے اندر جانے سے پہلے پردہ نشین مردوں کو ہٹا دیا جاتا ہے۔ یہ باورچی خانہ خوبصورت کچن گارڈن کے درمیان بنا ہے، نہ دھواں ہے نہ لکڑی کا چولہا، کھڑکیوں میں پھول سجے ہیں۔ سلطانہ کے استفسار پر اس کی دوست اسے شمسی توانائی سے بنا چولھا دکھاتی ہے جہاں سورج کی روشنی ایک پائپ کے ذریعہ جمع کی جاتی ہے اور اس پر کھانا پکتا ہے۔ اس کے علاوہ اس کہانی میں ایک اور ایسی ہی سائنسی ایجاد کا بھی تذکرہ ہے جو ضرورت پڑنے پر بادلوں کے پار جا کر بارش روک دیتی ہے۔ یہ کہانی اپنے وقت کے حساب سے بہت آگے کی بات کر رہی تھی، اس زمانے میں پارسی، عیسائی اور ہندو عورتوں کی تعلیم کی تحریکوں میں بھی عورتوں کے لیے سائنس اور حساب کی تعلیم نصاب میں شامل نہیں کی جاتی تھی۔

رقیہ نے بہت سے مضامین لکھے جس مےں سے "عزلت نشین" کافی مشہور ہوا۔ ان کے پہلے اور آخری ناول کا نام " پدم راگ " تھا جو ۱۹۲۵ مےں شائع ہوا تھا، جس میں اےک دارالامان مےں رہنے والی مختلف عورتوں کی زندگی کی جھلکے اں ہےں ےہ ناول کچھ حقیقت اور کچھ خواب کی سی کےفیت لئے ہوئے تھا جب کہ "سلطانہ کا خواب" پورا خواب کی کےفیت تھا۔ "پدم راگ" میں دارالامان کی سربراہ خاتون زینب کا نکاح ایک بہت پڑھے لکھے مرد سے ہوا تھا مگر رشتہ داروں کی ریشہ دوانیوں اور غلط فہمیوں کی وجہ سے رخصتی نہیں ہو پائی اور اس کے شوہر نے دوسری شادی کر لی۔ زینب بہت ہمت اور

اعتماد سے، اپنے بھائی کی مدد سے، پاکبازی اور عزت سے ایک کارآمد زندگی گزارتی ہے، شاعری کرتی ہے، بھائی کی جائداد کا کام سنبھالتی ہے اور دارالامان چلاتی ہے۔ ناول کے اختتام میں صورتِ حالات بدل جاتی ہے اور اس کے شوہر سے اس کی پھر ملاقات ہوتی ہے اور وہ اس سے واپسی کی درخواست کرتا ہے۔ لیکن وہ کہتی ہے "میں اپنی زندگی کا ہدف پہلے طے کر چکی ہوں، گرہستی کی زندگی گزارنا خدا نے میرے نصیب میں نہیں لکھا تھا، تم اپنے رستے جاؤ، میں اپنی راہ جاؤں گی۔" اس زمانے کو دیکھتے ہوئے ناول کا یہ بہت مختلف قسم کا انجام تھا، بلکہ آج بھی خواتین کے ناولوں میں روایتی قسم کے اختتام ہی لکھے جاتے ہیں۔

بیگم رقیہ سخاوت حسین جیسی اور بھی بہت سی خواتین تاریخ کے صفحات میں زندہ ہیں، جنھوں نے مسلم خواتین کی تعلیم اور حقوق کے لیے اپنی خاندانی پابندیوں، روایتوں اور مجبوریوں کے باوجود آنے والی نسلوں کے لیے راہیں ہموار کیں۔ ان کے ساتھ ہی ان مردوں کے نام بھی آتے ہیں جو ان کے مددگار تھے، ان کی ہمت افزائی کرتے تھے۔ لازم ہے کہ ایسے خواتین اور حضرات کی یاد گاہے گاہے تازہ کر لی جائے۔

***